Виктор ДРАГУНСКИЙ

Денискины рассказы

Иллюстрации Владимира Канивца

Москва
2014

Я много чего люблю.

ЧТО Я ЛЮБЛЮ...

Я очень люблю лечь животом на папино колено, опустить руки и ноги и вот так висеть на колене, как бельё на заборе. Ещё я очень люблю играть в шашки, шахматы и домино, только чтобы обязательно выигрывать. Если не выигрывать, тогда не надо.

Я люблю слушать, как жук копается в коробочке. И люблю в выходной день утром залезть к папе в кровать, чтобы поговорить с ним о собаке: как мы будем жить просторней, и купим собаку, и будем с ней заниматься, и будем её кормить, и какая она будет потешная и умная, и как она будет воровать сахар, а я буду за нею сам вытирать лужицы, и она будет ходить за мной как верный пёс.

Я люблю также смотреть телевизор; всё равно, что показывают, пусть даже только одни таблицы.

Я люблю дышать носом маме в ушко. Особенно я люблю петь и всегда пою очень громко.

Ужасно люблю рассказы про красных кавалеристов, и чтобы они всегда побеждали.

Люблю стоять перед зеркалом и гримасничать, как будто я Петрушка из кукольного театра. Шпроты я тоже очень люблю.

Люблю читать сказки про Канчиля. Это такая маленькая, умная и озорная лань. У неё весёлые глазки, и маленькие рожки, и розовые отполированные копытца. Когда мы будем жить просторней, мы купим себе Канчиля, он будет жить в ванной.

Ещё я люблю плавать там, где мелко, чтобы можно было держаться руками за песчаное дно.

Я люблю на демонстрациях махать красным флажком и дудеть в «уй-ди-уйди!».

Очень я люблю звонить по телефону.

Я люблю строгать, пилить, я умею лепить головы древних воинов и бизонов, и я слепил глухаря и Царь-пушку. Всё это я люблю дарить.

Когда я читаю, я люблю грызть сухарь или ещё что-нибудь.

Я люблю гостей.

Ещё я очень люблю ужей, ящериц и лягушек. Они такие ловкие. Я ношу их в карманах. Я люблю, чтобы ужик лежал на столе, когда я обедаю. Люблю, когда бабушка кричит про лягушонка: «Уберите эту гадость!» — и убегает из комнаты. Тогда я помираю от смеха!

Я люблю посмеяться... Иногда мне нисколько не хочется смеяться, но я себя заставляю, выдавливаю из себя смех — смотришь, через пять минут и вправду становится смешно, и я прямо кисну от смеха!

Когда у меня хорошее настроение, я люблю скакать. Однажды мы с папой пошли в зоопарк, и я скакал вокруг него на улице, и он спросил:

— Ты что скачешь?

А я сказал:

— Я скачу, что ты мой папа!

Он понял.

Я люблю ходить в зоопарк. Там чудесные слоны. И есть один слонёнок. Когда мы будем жить просторней, мы купим слонёнка. Я выстрою ему гараж.

Я очень люблю стоять позади автомобиля, когда он фырчит, и нюхать бензин.

Люблю ходить в кафе — есть мороженое и запивать его газированной водой. От неё колет в носу и слёзы выступают на глазах.

Когда я бегаю по коридору, то люблю изо всех сил топать ногами.

Очень люблю лошадей, у них такие красивые и добрые лица.

Я много чего люблю!

...И ЧЕГО НЕ ЛЮБЛЮ!

Чего не люблю, так это лечить зубы. Как увижу зубное кресло, сразу хочется убежать на край света. Ещё не люблю, когда приходят гости, вставать на стул и читать стихотворение. Не люблю, когда папа с мамой уходят в театр. Терпеть не могу яйца всмятку, когда их наболтают в стакане, накрошат туда хлеба и заставляют есть. Это мне противно.

Ещё не люблю, когда мама идёт со мной погулять и вдруг встречает тётю Розу! Они тогда разговаривают только друг с дружкой, а я просто не знаю, чем бы заняться.

Не люблю ходить в новом костюме — я в нём как деревянный.

Когда мы играем в красных и белых, я не люблю быть белым. Тогда я выхожу из игры, и всё! А когда я бываю красным, не люблю попадать в плен. Я всё равно убегаю.

Не люблю, когда у меня выигрывают. Не люблю, когда день рождения, играть в «каравай»: я не маленький.

Не люблю, когда задаются.

И очень не люблю, когда порежусь, вдобавок мазать палец йодом.

Я не люблю, что у нас в коридоре тесно и взрослые каждую минуту снуют туда-сюда, кто со сковородкой, кто с чайником, и кричат:

— Дети, не вертитесь под ногами! Осторожно, у меня горячая кастрюля!

А когда я ложусь спать, не люблю, чтобы в соседней комнате пели хором: «Ландыши, ландыши...»

Очень не люблю, что по радио мальчишки и девчонки говорят старушечьими голосами!

Не люблю, что нет изобретения против клякс!

...не люблю, когда мама идёт со мной погулять и вдруг встречает тётю Розу!

«ОН ЖИВОЙ И СВЕТИТСЯ...»

Однажды вечером я сидел во дворе, возле песка, и ждал маму. Она, наверно, задерживалась в институте, или в магазине, или, может быть, долго стояла на автобусной остановке. Не знаю. Только все родители нашего двора уже пришли, и все ребята пошли с ними по домам и уже, наверно, пили чай с бубликами и брынзой, а моей мамы всё ещё не было...

И вот уже стали зажигаться в окнах огоньки, и радио заиграло музыку, и в небе задвигались тёмные облака — они были похожи на бородатых стариков...

И мне захотелось есть, а мамы всё не было, я подумал, что, если бы я знал, что моя мама хочет есть и ждёт меня где-то на краю света, я бы моментально к ней побежал, а не опаздывал бы и не заставлял её сидеть на песке и скучать.

И в это время во двор вышел Мишка. Он сказал:

— Здорово!

И я сказал:

— Здорово!

Мишка сел со мной и взял в руки самосвал.

— Ого! — сказал Мишка. — Где достал? А он сам набирает песок? Не сам? А сам сваливает? Да? А ручка? Для чего она? Её можно вертеть? Да? А? Ого! Дашь мне его домой?

И в это время во двор вышел Мишка.

Я сказал:

— Нет, домой не дам. Подарок. Папа подарил перед отъездом.

Мишка надулся и отодвинулся от меня. На дворе стало ещё темнее. Я смотрел на ворота, чтоб не пропустить, когда придёт мама. Но она всё не шла. Видно, встретила тетю Розу, и они стоят и разговаривают и даже не думают про меня. Я лёг на песок.

Тут Мишка говорит:

— Не дашь самосвал?

Я говорю:

— Отвяжись, Мишка.

Тогда Мишка говорит:

— Я тебе за него могу дать одну Гватемалу и два Барбадоса!

Я говорю:

— Сравнил Барбадос с самосвалом...

А Мишка:

— Ну, хочешь, я дам тебе плавательный круг?

Я говорю:

— Он у тебя лопнутый.

А Мишка:

— Ты его заклеишь!

Я даже рассердился:

— А плавать где? В ванной? По вторникам?

И Мишка опять надулся. А потом говорит:

— Ну, была не была! Знай мою добрость! На!

И он протянул мне коробочку от спичек. Я взял её в руки.

— Ты открой её, — сказал Мишка, — тогда увидишь!

Я открыл коробочку и сперва ничего не увидел, а потом увидел маленький светло-зелёный огонёк, как будто где-то далеко-далеко от меня горела крошечная звёздочка, и в то же время я сам держал её сейчас в руках.

— Что это, Мишка, — сказал я шёпотом, — что это такое?

— Это светлячок, — сказал Мишка. — Что, хорош? Он живой, не думай.

— Мишка, — сказал я, — бери мой самосвал, хочешь? Навсегда бери, насовсем! А мне отдай эту звёздочку, я её домой возьму.

И Мишка схватил мой самосвал и побежал домой. А я остался со своим светлячком, глядел на него, глядел и никак не мог наглядеться: какой он зелёный, словно в сказке, и как он, хоть и близко, на ладони, а светит словно издалека... И я не мог ровно дышать, и я слышал, как быстро стучит моё сердце, и чуть-чуть кололо в носу, как будто хотелось плакать.

И я долго так сидел, очень долго. И никого не было вокруг. И я забыл про всех на белом свете.

Но тут пришла мама, и я очень обрадовался, и мы пошли домой. А когда стали пить чай с бубликами и брынзой, мама спросила:

— Ну, как твой самосвал?

А я сказал:

— Я, мама, променял его.

Мама сказала:

— Интересно! А на что?

— На светлячка! — ответил я. — Вот он, в коробочке живёт. Погаси-ка свет!

И мама погасила свет, и стало темно, и мы стали вдвоём смотреть на бледно-зелёную звёздочку.

Потом мама зажгла свет.

— Да, — сказала она, — это волшебство! Но всё-таки как ты решился отдать такую ценную вещь, как самосвал, за этого червячка?

— Я так долго ждал тебя, — сказал я, — и мне было так скучно, а этот светлячок, он оказался лучше любого самосвала на свете.

Мама пристально посмотрела на меня и спросила:

— А чем же, чем же именно он лучше?

Я сказал:

— Да как же ты не понимаешь?! Ведь он живой! И светится!..

СЛАВА ИВАНА КОЗЛОВСКОГО

У меня в табеле одни пятёрки. Только по чистописанию четвёрка. Из-за клякс. Я прямо не знаю, что делать! У меня всегда с пера соскакивают кляксы. Я уж макаю в чернила только самый кончик пера, а кляксы всё равно соскакивают.

Просто чудеса какие-то! Один раз я целую страницу написал чисто-чисто, любо-дорого смотреть — настоящая пятёрочная страница. Утром показал её Раисе Ивановне, а там на самой середине клякса! Откуда она взялась? Вчера её не было! Может быть, она с какой-нибудь другой страницы просочилась? Не знаю...

А так у меня одни пятёрки. Только по пению тройка. Это вот как получилось. Был у нас урок пения. Сначала мы пели все хором «Во поле берёзонька стояла». Выходило очень красиво, но Борис Сергеевич всё время морщился и кричал:

— Тяните гласные, друзья, тяните гласные!..

Тогда мы стали тянуть гласные, но Борис Сергеевич хлопнул в ладоши и сказал:

— Настоящий кошачий концерт! Давайте-ка займёмся с каждым индивидуально.

Это значит с каждым отдельно.

И Борис Сергеевич вызвал Мишу.

Миша подошёл к роялю и что-то такое прошептал Борису Сергеевичу.

Тогда Борис Сергеевич начал играть, а Миша тихонечко запел:

Как на тоненький ледок
Выпал беленький снежок...

Ну и смешно же пищал Мишка! Так пищит наш котёнок Мурзик, когда я его засовываю в чайник. Разве ж так поют? Почти ничего не слышно. Я просто не мог выдержать и рассмеялся.

Тогда Борис Сергеевич поставил Мише пятёрку и поглядел на меня. Он сказал:

— Ну-ка, хохотун, выходи!

Я быстро выбежал к роялю.

— Ну-с, что вы будете исполнять? — вежливо спросил Борис Сергеевич.

Я сказал:

— Песня гражданской войны — «Веди ж, Будённый, нас смелее в бой».

Борис Сергеевич тряхнул головой и заиграл, но я его сразу остановил.

— Играйте, пожалуйста, погромче! — сказал я.

Борис Сергеевич сказал:

— Тебя не будет слышно.

Но я сказал:

— Будет. Ещё как!

Борис Сергеевич заиграл, а я набрал побольше воздуха да как гряну во всю мочь свою любимую:

Высоко в небе ясном
Вьётся алый стяг...

Мне очень нравится эта песня. Так и вижу синее-синее небо, жарко, кони стучат копытами, у них красивые лиловые глаза, а в небе вьётся алый стяг.

Тут я даже зажмурился от восторга и закричал что было сил:

> Мы мчимся на конях туда,
> Где виден враг!
> И в битве упоительной...

Я хорошо орал, наверно, было слышно на другой улице:

Лавиною стремительной!
Мы мчимся вперёд!.. Ура!..
Красные всегда побеждают!
Отступайте, враги! Даёшь!!!

Я нажал себе кулаками на живот, вышло ещё громче, и я чуть не лопнул:

Мы ввррезалися в Крым!

Тут я остановился, потому что я был весь потный и у меня дрожали колени.

А Борис Сергеевич хоть и играл, но весь как-то склонился к роялю, и у него тоже тряслись плечи...

Я сказал:

— Ну как?

— Чудовищно! — похвалил Борис Сергеевич.

— Хорошая песня, правда? — спросил я.

— Хорошая, — сказал Борис Сергеевич и закрыл платком глаза.

— Только жаль, вы очень тихо играли, Борис Сергеевич, — сказал я, — можно бы ещё погромче.

— Ладно, я учту, — сказал Борис Сергеевич. — А ты не заметил, что я играл одно, а ты пел немножко по-другому?

— Нет, — сказал я, — я этого не заметил! Да это и неважно. Просто надо было погромче играть.

— Ну что ж, — сказал Борис Сергеевич, — раз ты ничего не заметил, поставим тебе пока тройку. За прилежание.

Как тройку?! Я даже опешил. Как же это может быть? Тройка — это очень мало! Мишка так тихо пел и то получил пятёрку...

Я сказал:

— Борис Сергеевич, когда я немножко отдохну, я ещё громче смогу, вы не думайте. Это я сегодня плохо завтракал. А то я так могу спеть, что тут у всех уши позаложит. Я знаю ещё одну песню. Когда я её дома пою, все соседи прибегают, спрашивают, что случилось.

— Это какая же? — спросил Борис Сергеевич.

— Жалостливая, — сказал я и завёл:

Я вас любил:
Любовь ещё, быть может...

Но Борис Сергеевич поспешно сказал:

— Ну хорошо, хорошо, всё это мы обсудим в следующий раз.

И тут раздался звонок.

Мама встретила меня в раздевалке. Когда мы собирались уходить, к нам подошёл Борис Сергеевич.

— Ну, — сказал он, улыбаясь, — возможно, ваш мальчик будет Лобачевским, может быть, Менделеевым. Он может стать Суриковым или Кольцовым, я не удивлюсь, если он станет известен стране, как известен товарищ Николай Мамай или какой-либо боксёр, но в одном могу заверить вас абсолютно твёрдо: славы Ивана Козловского он не добьётся. Никогда!

Мама ужасно покраснела и сказала:

— Ну, это мы ещё увидим!

А когда мы шли домой, я всё думал: «Неужели Козловский поёт громче меня?»

ЗЕЛЁНЧАТЫЕ ЛЕОПАРДЫ

Мы сидели с Мишкой и Алёнкой на песке около домоуправления и строили площадку для запуска космического корабля. Мы уже вырыли яму и уложили её кирпичом и стёклышками, а в центре оставили пустое место, чтобы здесь потом поставить ракету. Я принёс ведро и положил в него аппаратуру.

Мишка сказал:

— Надо вырыть боковой ход — под ракету, чтоб, когда она будет взлетать, газ бы вышел по этому ходу.

И мы стали опять рыть и копать и довольно быстро устали, потому что там было много камней.

Алёнка сказала:

— Я устала! Перекур!

А Мишка сказал:

— Правильно.

И мы сели отдыхать.

В это время из второго парадного вышел Костик. Он был такой худой, прямо невозможно узнать. И бледный, нисколечко не загорел. Он подошёл к нам и говорит:

— Здорово, ребята!

Мы все сказали:

— Здорово, Костик!

Он тихонько сел рядом с нами.

Я сказал:

— Ты что, Костик, такой худущий? Вылитый кощей...

Он сказал:

— Да это у меня корь была.

Алёнка подняла голову:

— А теперь ты выздоровел?

— Да, — сказал Костик, — я теперь совершенно выздоровел.

Мишка отодвинулся от Костика и сказал:

— Заразный небось?

А Костик улыбнулся:

— Нет, что ты, не бойся. Я не заразный. Вчера доктор сказал, что я уже могу общаться с детским коллективом.

Мишка придвинулся обратно, а я спросил:

— А когда болел, больно было?

— Нет, — ответил Костик, — не больно. Скучно очень. А так ничего. Мне картинки переводные дарили, я их всё время переводил, надоело до смерти.

Алёнка сказала:

— Да, болеть хорошо! Когда болеешь, всегда что-нибудь дарят.

Мишка сказал:

— Так ведь и когда здоровый, тоже дарят. В день рождения или когда ёлка.

Я сказал:

— Ещё дарят, когда в другой класс переходишь с пятёрками.

Мишка сказал:

— Мне не дарят. Одни тройки! А вот когда корь, всё равно ничего особенного не дарят, потому что потом все игрушки надо сжигать. Плохая болезнь корь, никуда не годится.

Костик спросил:

— А разве бывают хорошие болезни?

— Ого, — сказал я, — сколько хочешь! Ветрянка, например. Очень хорошая, интересная болезнь. Я когда болел, мне всё тело, каждую болявку отдельно зелёнкой мазали. Я был похож на леопарда. Что, плохо разве?

— Конечно, хорошо, — сказал Костик.

Алёнка посмотрела на меня и сказала:

— Когда лишаи, тоже очень красивая болезнь.

Но Мишка только засмеялся:

— Сказала тоже — «красивая»! Намажут два-три пятнышка, вот и вся красота. Нет, лишаи — это мелочь. Я лучше всего люблю грипп. Когда грипп, чаю дают с малиновым вареньем. Ешь сколько хочешь, просто не верится. Один раз я, больной, целую банку съел. Мама даже удивилась: «Смотрите, — говорит, — у мальчика грипп, температура тридцать восемь, а такой аппетит». А бабушка сказала: «Грипп разный бывает, это у него такая новая форма, дайте ему ещё, это у него организм требует». И мне дали ещё, но я больше не смог есть, такая жалость... Это грипп, наверно, на меня так плохо действовал.

Тут Мишка подпёрся кулаком и задумался, а я сказал:

— Грипп, конечно, хорошая болезнь, но с гландами не сравнить, куда там!

— А что? — сказал Костик.

— А то, — сказал я, — что, когда гланды вырезают, мороженого дают потом, для заморозки. Это почище твоего варенья!

Алёнка сказала:

— А гланды от чего заводятся?

Я сказал:

— От насморка. Они в носу вырастают, как грибы, потому что сырость.

Мишка вздохнул и сказал:

— Насморк — болезнь ерундовая. Каплют чего-то в нос, ещё хуже течёт.

...из второго парадного вышел Костик.
Он был такой худой, прямо невозможно узнать.

Я сказал:

— Зато керосин можно пить. Не слышно запаха.

— А зачем пить керосин?

Я сказал:

— Ну, не пить, так в рот набирать. Вот фокусник наберёт полный рот, а потом палку зажжённую возьмёт в руки и на неё как брызнет! Получается очень красивый огненный фонтан. Конечно, фокусник секрет знает. Без секрета не берись, ничего не получится.

— В цирке лягушек глотают, — сказала Алёнка.

— Ага, — сказал Костик, — и крыс тоже едят! Для смеху!

— И крокодилов тоже! — добавил Мишка.

Я прямо покатился от хохота. Надо же такое выдумать! Ведь всем известно, что крокодил сделан из панциря, как же его есть?

Я сказал:

— Ты, Мишка, видно, с ума сошел! Как ты будешь есть крокодила, когда он жёсткий. Его нипочём нельзя прожевать.

— Варёного-то? — сказал Мишка.

— Как же! Станет тебе крокодил вариться! — закричал я на Мишку.

— Он же зубастый, — сказала Алёнка, и видно было, что она уже испугалась.

А Костик добавил:

— Он сам их ест, что ни день, укротителей этих.

Аленка сказала:

— Ну да? — И глаза у неё стали как белые пуговицы.

Костик только сплюнул в сторону.

Алёнка скривила губы:

— Говорили про хорошее — про гриба и про лишаёв, а теперь про крокодилов. Я их боюсь...

Мишка сказал:

— Про болезни уже всё переговорили. Кашель, например. Что в нём толку? Разве вот что в школу не ходить...

— И то хлеб, — сказал Костик. — А вообще вы правильно говорили: когда болеешь, все тебя больше любят. Не сравнить...

— Ласкают, — сказал Мишка, — гладят... Я заметил: когда болеешь, всё можно выпросить. Игру какую хочешь, или ружье, или паяльник.

Я сказал:

— Конечно. Нужно только, чтобы болезнь была пострашнее. Вот если ногу сломаешь или шею, тогда чего хочешь купят.

Алёнка сказала:

— И велосипед?!

А Костик хмыкнул.

— А зачем велосипед, если нога сломана?
— Так ведь она прирастёт! — сказал я.

Костик сказал:

— Верно?

Я сказал:

— А куда же она денется! Да, Мишка?

Мишка кивнул головой, и тут Алёнка натянула платье на колени и спросила:

— А почему это, — спросила она, — если вот, например, пожжёшься или шишку набьёшь или там синяк, то, наоборот, бывает, что тебе ещё и наподдадут. Почему это так бывает?

— Несправедливость! — сказал я и стукнул ногой по ведру, где у нас лежала аппаратура.

Костик спросил:

— А это что такое вы здесь затеяли?

Я сказал:

— Площадка для запуска космического корабля!

Костик прямо закричал:

— Так что же вы молчите! Черти полосатые! Прекратите разговоры. Давайте скорей строить!!!

И мы прекратили разговоры и стали строить.

ТАЙНОЕ СТАНОВИТСЯ ЯВНЫМ

Я услышал, как мама в коридоре сказала кому-то:

— ...Тайное всегда становится явным.

И когда она вошла в комнату, я спросил:

— Что это значит, мама: тайное становится явным?

— А это значит, что, если кто поступает нечестно, всё равно про него это узнают, и будет ему очень стыдно, и он понесёт наказание, — сказала мама. — Понял?.. Ложись-ка спать!

Я вычистил зубы, лёг спать, но не спал, а всё время думал: как же так получается, что тайное становится явным? И я долго не спал, а когда проснулся, опять вычистил зубы и стал завтракать. Было утро, папа был уже на работе, и мы с мамой были одни.

Сначала я съел яйцо. Это было ещё терпимо, потому что я выел один желток, а белок раскромсал со скорлупой так, чтобы его не было видно. Но потом мама принесла целую тарелку манной каши.

— Ешь! — сказала мама. — Безо всяких разговоров!

Я сказал:

— Видеть не могу манную кашу!

Но мама закричала:

— Посмотри, на кого ты стал похож! Вылитый кощей! Ешь. Ты должен поправиться.

Я сказал:

— Я ею давлюсь!..

Тогда мама села со мной рядом, обняла меня за плечи и ласково спросила:

— Хочешь, пойдём с тобой в Кремль?

Ну ещё бы... Я не знаю ничего красивее Кремля. Я там был в Грановитой палате и в Оружейной, стоял возле Царь-пушки и знаю, где сидел Иван Грозный. И ещё там очень много интересного. Поэтому я быстро ответил маме:

— Конечно, хочу в Кремль! Даже очень.

Тогда мама улыбнулась:

— Ну вот, ешь всю кашу до конца, и пойдём. А я пока посуду вымою. Только помни — ты должен съесть всё до дна!

И мама ушла на кухню.

А я остался с кашей наедине. Я пошлёпал её ложкой. Потом посолил. Попробовал — ну, невозможно есть. Тогда я подумал, что, может быть, сахару не хватает? Посыпал песку, пригубил. Ещё хуже стало. Я не люблю кашу, я же говорю.

А она к тому же была очень густая. Если бы она была жидкая, тогда другое дело, я бы зажмурился и выпил её. Тут я взял и долил в кашу кипятку. Всё равно было скользко, липко и противно. Главное, когда я глотаю, у меня горло само сжимается и выталкивает эту кашу обратно. Ужасно обидно! Ведь в Кремль-то хочется! И тут я вспомнил, что у нас есть хрен. С хреном, кажется, всё можно съесть! Я взял и вылил в кашу всю баночку, а когда немножко попробовал, у меня сразу глаза на лоб полезли и остановилось дыхание, и я, наверно, потерял сознание, потому что взял тарелку, быстро подбежал к окну и выплеснул кашу на улицу. Потом вернулся и сел за стол.

В это время вошла мама. Она сразу посмотрела на тарелку и обрадовалась:

— Ну что за Дениска, что за парень-молодец? Съел всю кашу до дна! Ну, вставай, одевайся, рабочий народ, идём на прогулку в Кремль! — И она меня поцеловала.

В эту же минуту дверь открылась, и в комнату вошёл милиционер. Он сказал:

— Здравствуйте, — и побежал к окну, поглядел вниз, потом поглядел на маму и говорит: — А ещё интеллигентный человек.

— Что вам нужно? — строго спросила мама.

— Как не стыдно! — Милиционер даже стал по стойке «смирно». — Государство предоставляет вам новое жильё, со всеми удобствами и, между прочим, с мусоропроводом, а вы выливаете разную гадость за окно!

— Не клевещите, — запальчиво крикнула мама, — ничего я не выливаю!

— Ах, не выливаете, — язвительно рассмеялся милиционер. И, открыв дверь в коридор, крикнул: — Пострадавший! Пожалуйте сюда!

И вот к нам вошёл какой-то дяденька. Я как на него взглянул, так сразу понял, что в Кремль я не пойду.

На голове у этого дяденьки была шляпа. А на шляпе наша каша. Она лежала почти в середине шляпы, в ямочке, и немножко по краям, где лента, и немножко за воротником, и на плечах, и на левой брючине. Он как вошёл, сразу стал мекать.

— Главное, я иду фотографироваться... мме... и вдруг такая история... каша... мме... манная... Горячая, между прочим, сквозь шляпу и то... мме... жжёт... Как же я пошлю своё... мме... фото, когда я весь в каше?!

...дверь открылась, и в комнату вошёл милиционер.

Тут мама посмотрела на меня, и глаза у неё стали зелёные, как крыжовник. А уж это верная примета, что мама ужасно рассердилась.

— Извините, пожалуйста, — сказала она тихо, — разрешите, я вас почищу, пройдите сюда!

И они все трое прошли в коридор.

А когда мама вернулась, мне даже страшно было на неё взглянуть. Но я себя пересилил, подошел к ней и сказал:

— Да, мама, ты вчера сказала правильно. Тайное всегда становится явным!

Мама посмотрела мне в глаза. Она смотрела долго-долго и потом спросила:

— Ты это запомнил на всю жизнь?

И я ответил:

— Да.

МОТОГОНКИ ПО ОТВЕСНОЙ СТЕНЕ

Ещё когда я был маленький, мне подарили трехколёсный велосипед. И я на нём выучился ездить. Сразу сел и поехал, нисколько не боясь, как будто я всю жизнь ездил на велосипедах.

Мама сказала:

— Смотри, какой он способный к спорту!

А папа сказал:

— Сидит довольно обезьяновато...

А я здорово научился ездить и довольно скоро стал делать на велосипеде разные штуки, как весёлые артисты в цирке. Например, я ездил задом наперёд или лёжа на седле и вертя педали какой угодно рукой — хочешь правой, хочешь левой; ездил боком, растопыря ноги; ездил сидя на руле, а то зажмурясь и без рук; ездил со стаканом воды в руке. Словом, наловчился по-всякому.

А потом дядя Женя отвернул у моего велосипеда одно колесо, и он стал двухколёсным, и я опять очень быстро всё заучил. И ребята во дворе стали меня называть «чемпионом мира и его окрестностей».

И так я катался на своём велосипеде до тех пор, пока колени у меня не стали во время езды подниматься выше руля. Тогда я догадался, что я уже вырос из этого велосипеда, и стал думать, когда же папа купит мне настоящую машину «Школьник».

И вот однажды к нам во двор въезжает велосипед. И дяденька, который на нём сидит, не крутит ногами, а велосипед трещит себе под ним, как стрекоза, и едет сам. Я ужасно

удивился. Я никогда не видел, чтобы велосипед ехал сам. Мотоцикл — это другое дело, автомобиль — тоже, ракета — ясно, а велосипед? Сам?

Я просто глазам своим не поверил.

А этот дяденька, что на велосипеде, подъехал к Мишкиному парадному и остановился. И он оказался совсем не дяденькой, а молодым парнем. Потом он поставил велосипед около трубы и ушёл. А я остался стоять тут же с разинутым ртом. Вдруг выходит Мишка.

Он говорит:

— Ну? Чего уставился?

Я говорю:

— Сам едет, понял?

Мишка говорит:

— Это нашего племянника Федьки машина. Велосипед с мотором. Федька к нам приехал по делу — чай пить.

Я спрашиваю:

— А трудно такой машиной управлять?

— Ерунда на постном масле, — говорит Мишка. — Он заводится с пол-оборота. Один раз нажмёшь на педаль, и готово — можешь ехать. А бензину в ней на сто километров. А скорость — двадцать километров за полчаса.

— Ого! Вот это да! — говорю я. — Вот это машина! На такой покататься бы!

Тут Мишка покачал головой:

— Влетит. Федька убьёт. Голову оторвёт!

— Да. Опасно, — говорю я.

Но Мишка огляделся по сторонам и вдруг заявляет:

— Во дворе никого нет, а ты всё-таки «чемпион мира». Садись! Я помогу разогнать машину, а ты один разок толкни педаль, и всё пойдёт как по маслу. Объедешь вокруг садика два-три круга, и мы тихонечко поставим машину на место. Федька у нас чай подолгу пьёт. По три стакана дует. Давай!

— Давай, — сказал я.

И Мишка стал держать велосипед, а я на него взгромоздился. Одна нога действительно доставала самым носком до края педали, зато другая висела в воздухе, как макаронина. Я этой макарониной отпихнулся от трубы, а Мишка побежал рядом и кричит:

— Жми педаль, жми давай!

Я постарался, съехал чуть набок с седла да как нажму на педаль. Мишка чем-то щёлкнул на руле... И вдруг машина затрещала, и я поехал!

Я поехал! Сам. На педали не жму — не достаю, а только еду, соблюдаю равновесие!

Это было чудесно! Ветерок засвистел у меня в ушах, всё вокруг понеслось быстро-быстро по кругу: столбик, ворота, скамеечка, грибы от дождя, песочник, качели, домоуправление, и опять столбик, ворота, скамеечка, грибы от дождя, песочник, качели, домоуправление, и опять столбик, и всё сначала, и я ехал, вцепившись в руль, а Мишка всё бежал за мной, но на третьем круге он крикнул:

— Я устал! — и прислонился к столбику.

А я поехал один, и мне было очень весело, и я всё ездил и воображал, что участвую в мотогонках по отвесной стене. Я видел, в парке культуры так мчалась отважная артистка...

И столбик, и Мишка, и качели, и домоуправление — всё мелькало передо мной довольно долго, и всё было очень хорошо, только ногу, которая висела, как макаронина, стали немножко колоть мурашки... И ещё мне вдруг стало как-то не по себе, и ладони сразу стали мокрыми, и очень захотелось остановиться.

Я доехал до Мишки и крикнул:

— Хватит! Останавливай!

Мишка побежал за мной и кричит:

— Что? Говори громче!

Я кричу:

— Ты что, оглох, что ли?

Но Мишка уже отстал. Тогда я проехал ещё круг и закричал:

— Останови машину, Мишка!

Тогда он схватился за руль, машину качнуло, он упал, а я опять поехал дальше.

Гляжу, он снова встречает меня у столбика и орёт:

— Тормоз! Тормоз!

Я промчался мимо него и стал искать этот тормоз. Но ведь я же не знал, где он! Я стал крутить разные винтики и что-то нажимать на руле. Куда там! Никакого толку! Машина трещит себе как ни в чём не бывало, а у меня в макаронную ногу уже тысячи иголок впиваются!

Я кричу:

— Мишка, а где этот тормоз?

А он:

— Я забыл!

А я:

— Ты вспомни!

— Ладно, вспомню, ты пока покрутись ещё немножко!

— Ты скорей вспоминай, Мишка! — опять кричу я.

И проехал дальше и чувствую, что мне уже совсем не по себе, тошно как-то. А на следующем кругу Мишка снова кричит:

— Не могу вспомнить! Ты лучше попробуй спрыгни!

А я ему:

— Меня тошнит!

Если бы я знал, что так получится, ни за что бы не стал кататься, лучше пешком ходить, честное слово!

А тут опять впереди Мишка кричит:

— Надо достать матрац, на котором спят! Чтоб ты в него врезался и остановился! Ты на чём спишь?

Я кричу:

— На раскладушке!

А Мишка:

— Тогда езди, пока бензин не кончится!

Я чуть не переехал его за это. «Пока бензин не кончится»... Это, может быть, ещё две недели так носиться вокруг садика, а у нас на вторник билеты в кукольный театр. И ногу колет! Я кричу этому дуралею:

— Сбегай за вашим Федькой!

— Он чай пьёт! — кричит Мишка.

— Потом допьет! — ору я.

— Убьёт! Обязательно убьёт! — соглашается Мишка.

И опять всё завертелось передо мной: столбик, ворота, скамеечка, песочник, грибки от дождя, качели, домоуправление. Потом наоборот: домоуправление, качели, песочник, грибки от дождя, скамеечка, столбик, а потом пошло вперемешку: домик, столбоуправление, качели, ворота от дождя, грибеечка... И я понял, что дело плохо.

Но в это время кто-то сильно схватил машину, она перестала трещать, и меня довольно крепко хлопнули по затылку. Я сообразил, что это Мишкин Федька наконец почайпил. И я тут же кинулся бежать, но не смог, потому что макаронная нога вонзилась в меня, как кинжал. Но я всё-таки не растерялся и ускакал от Федьки на одной ноге. И он не стал догонять меня.

А я на него не рассердился за подзатыльник. Потому что без него я, наверно, кружил бы по двору до сих пор.

НАДО ИМЕТЬ ЧУВСТВО ЮМОРА

Один раз мы с Мишкой делали уроки. Мы положили перед собой тетрадки и списывали. И в это время я рассказывал Мишке про лемуров, что у них большие глаза, как стеклянные блюдечки, и что я видел фотографию лемура, как он держится за авторучку, сам маленький-маленький и ужасно симпатичный. Потом Мишка говорит:

— Написал?

Я говорю:

— Уже.

— Ты мою тетрадку проверь, — говорит Мишка, — а я — твою.

И мы поменялись тетрадками.

И я как увидел, что Мишка написал, так сразу стал хохотать. Гляжу, а Мишка тоже покатывается, прямо синий стал.

Я говорю:

— Ты чего, Мишка, покатываешься?

А он:

— Я покатываюсь, что ты неправильно списал! А ты чего?

Я говорю:

— А я то же самое, только про тебя. Гляди, ты написал: «Наступили мозы». Это кто такие — «мозы»?

Мишка покраснел:

— Мозы — это, наверно, морозы. А ты вот написал: «Натала зима». Это что такое?

— Да, — сказал я, — не «натала», а «настала». Ничего не попишешь, надо переписывать. Это всё лемуры виноваты.

И мы стали переписывать. А когда переписали, я сказал:

— Давай задачи задавать!

— Давай, — сказал Мишка.

В это время пришёл папа. Он сказал:

— Здравствуйте, товарищи студенты...

И сел к столу.

Я сказал:

— Вот, папа, послушай, какую я Мишке задам задачу: вот у меня есть два яблока, а нас трое, как разделить их среди нас поровну?

Мишка сейчас же надулся и стал думать. Папа не надувался, но тоже задумался. Они думали долго.

Я тогда сказал:

— Сдаёшься, Мишка?

Мишка сказал:

— Сдаюсь!

Я сказал:

— Чтобы мы все получили поровну, надо из этих яблок сварить компот. — И стал хохотать: — Это меня тётя Мила научила!..

Мишка надулся ещё больше. Тогда папа сощурил глаза и сказал:

— А раз ты такой хитрый, Денис, дай-ка я задам тебе задачу.

— Давай задавай, — сказал я.

Папа походил по комнате.

— Ну слушай, — сказал он. — Один мальчишка учится в первом классе «В». Его семья состоит из четырёх человек.

Мама встаёт в семь часов и тратит на одевание десять минут. Зато папа чистит зубы пять минут. Бабушка ходит в магазин столько, сколько мама одевается плюс папа чистит зубы. А дедушка читает газеты, сколько бабушка ходит в магазин минус во сколько встаёт мама.

Когда они все вместе, они начинают будить этого мальчишку из первого класса «В». На это уходит время чтения дедушкиных газет плюс бабушкино хождение в магазин.

Когда мальчишка из первого класса «В» просыпается, он потягивается столько времени, сколько одевается мама плюс папина чистка зубов. А умывается он, сколько дедушкины газеты, делённые на бабушку. На уроки он опаздывает на столько минут, сколько он потягивается плюс умывается минус мамино вставание, умноженное на папины зубы.

Спрашивается: кто же этот мальчишка из первого «В» и что ему грозит, если это будет продолжаться? Всё!

Тут папа остановился посреди комнаты и стал смотреть на меня. А Мишка захохотал во всё горло и стал тоже смотреть на меня. Они оба на меня смотрели и хохотали.

Я сказал:

— Я не могу сразу решить эту задачу, потому что мы ещё этого не проходили.

И больше я не сказал ни слова, а вышел из комнаты, потому что я сразу догадался, что в ответе этой задачи получится лентяй и что такого скоро выгонят из школы. Я вышел из комнаты в коридор и залез за вешалку и стал думать, что если это задача про меня, то это неправда, потому что я всегда встаю довольно быстро и потягиваюсь совсем недолго, ровно столько, сколько нужно. И ещё я подумал, что если папе так хочется на меня выдумывать, то пожалуйста, я могу уйти из дома прямо на целину. Там работа всегда найдётся, там люди нужны, особенно молодёжь. Я там буду покорять природу, и папа приедет с делегацией на Алтай, увидит меня, и я остановлюсь на минутку, скажу:

Они оба на меня смотрели и хохотали.

«Здравствуй, папа», — и пойду дальше покорять.

А он скажет:

«Тебе привет от мамы...»

А я скажу:

«Спасибо... Как она поживает?»

А он скажет:

«Ничего».

А я скажу:

«Наверно, она забыла своего единственного сына?»

А он скажет:

«Что ты, она похудела на тридцать семь кило! Вот как скучает!»

А что я ему скажу дальше, я не успел придумать, потому что на меня упало пальто и папа вдруг прилез за вешалку. Он меня увидел и сказал:

— Ах ты, вот он где! Что у тебя за такие глаза? Неужели ты принял эту задачу на свой счёт?

Он поднял пальто и повесил его на место и сказал дальше:

— Я это всё выдумал. Такого мальчишки и на свете-то нет, не то что в вашем классе!

И папа взял меня за руки и вытащил из-за вешалки.

Потом ещё раз поглядел на меня пристально и улыбнулся.

— Надо иметь чувство юмора, — сказал он мне, и глаза у него стали весёлые-весёлые. — А ведь это смешная задача, правда? Ну! Засмейся!

И я засмеялся.

И он тоже.

И мы пошли в комнату.

УДИВИТЕЛЬНЫЙ ДЕНЬ

Несколько дней тому назад мы начали строить площадку для запуска космического корабля и вот до сих пор не кончили, а я сначала думал, что раз-два-три — и у нас сразу всё будет готово. Но дело как-то не клеилось, а всё потому, что мы не знали, какая она должна быть, эта площадка. У нас не было плана.

Тогда я пошёл домой. Взял листок бумажки и нарисовал на нём, что куда: где вход, где выход, где одеваться, где космонавта провожают и где кнопку нажимать. Это всё получилось у меня очень здорово, особенно кнопка. А когда я нарисовал площадку, я заодно пририсовал к ней и ракету. И первую ступеньку, и вторую, и кабину космонавта, где он будет вести научные наблюдения, и отдельный закуток, где он будет обедать, и я даже придумал, где ему умываться, и изобрёл для этого самовыдвигающиеся вёдра, чтобы он в них собирал дождевую воду.

И когда я показал этот план Алёнке, Мишке и Костику, им всем очень понравилось. Только вёдра Мишка зачеркнул.

Он сказал:

— Они будут тормозить.

И Костик сказал:

— Конечно, конечно! Убери эти вёдра.

И Алёнка сказала:

— Ну их совсем!

И я тогда не стал с ними спорить, и мы прекратили всякие ненужные разговоры и принялись за работу. Мы достали тяжеленную трамбушку. Я и Мишка колотили ею по земле. А позади нас шла Алёнка и подравнивала за нами прямо сандаликами. Они у неё были новенькие, красные, а через пять минут стали серые. Перекрасились от пыли.

Мы чудесно утрамбовали площадку и работали дружно. И к нам ещё один парень присоединился, Андрюшка, ему шесть лет. Он хотя немножко рыжеватый, но довольно сообразительный. А в самый разгар работы открылось окно на четвёртом этаже, и Алёнкина мама крикнула:

— Алёнка! Домой сейчас же! Завтракать!

И когда Алёнка убежала, Костик сказал:

— Ещё лучше, что ушла!

А Мишка сказал:

— Жалко. Всё-таки рабочая сила...

Я сказал:

— Давайте приналяжем!

И мы приналегли, и очень скоро площадка была совершенно готова. Мишка её осмотрел, засмеялся от удовольствия и говорит:

— Теперь главное дело надо решить: кто будет космонавтом.

Андрюшка сейчас же откликнулся:

— Я буду космонавтом, потому что я самый маленький, меньше всех вешу!

А Костик:

— Это ещё неизвестно. Я болел, я знаешь как похудел? На три кило! Я космонавт.

Мы с Мишкой только переглянулись. Эти чертенята уже решили, что они будут космонавтами, а про нас как будто и забыли.

А ведь это я всю игру придумал. И, ясное дело, я и буду космонавтом!

И только я успел так подумать, как Мишка вдруг заявляет:

— А кто всей работой тут сейчас командовал? А? Я командовал! Значит, я буду космонавтом!

Это всё мне совершенно не понравилось. Я сказал:

— Давайте сначала ракету выстроим. А потом сделаем испытания на космонавта. А потом и запуск назначим.

Они сразу обрадовались, что ещё много игры осталось, и Андрюшка сказал:

— Даёшь ракету строить!

Костик сказал:

— Правильно!

А Мишка сказал:

— Ну что ж, я согласен.

Мы стали строить ракету прямо на нашей пусковой площадке. Там лежала здоровенная пузатая бочка. В ней раньше был мел, а теперь она валялась пустая. Она была деревянная и почти совершенно целая, и я сразу всё сообразил и сказал:

— Вот это будет кабина. Здесь любой космонавт может поместиться, даже самый настоящий, не то что я или Мишка.

И мы эту бочку поставили на серёдку, и Костик сейчас же приволок с чёрного хода какой-то старый ничей самовар.

Он его приделал к бочке, чтобы заливать туда горючее. Получилось очень складно. Мы с Мишкой сделали внутреннее устройство и два окошечка по бокам: это были иллюминаторы для наблюдения. Андрюшка притащил довольно здоровый ящик с крышкой и наполовину всунул его в бочку. Я сначала не понял, что это такое, и спросил Андрюшку:

— Это зачем?

А он сказал:

— Как — зачем? Это вторая ступеня!

Мишка сказал:

— Молодец!

И у нас работа закипела вовсю. Мы достали разных красок, и несколько кусочков жести, и гвоздей, и верёвочек, и протянули эти верёвочки вдоль ракеты, и жестянки прибили к хвос-

товому оперению, и подкрасили длинные полосы по всему бочкиному боку, и много ещё чего понаделали, всего не перескажешь. И когда мы увидели, что всё у нас готово, Мишка вдруг отвернул краник у самовара, который был у нас баком для горючего. Мишка отвернул краник, но оттуда ничего не потекло. Мишка ужасно разгорячился, он потрогал пальцем снизу сухой краник, повернулся к Андрюшке, который считался у нас главным инженером, и заорал:

— Вы что? Что вы наделали?

Андрюшка сказал:

— А что?

Тогда Мишка вконец разозлился и ещё хуже заорал:

— Молчать! Вы главный инженер или что?

Андрюшка сказал:

— Я главный инженер. А чего ты орёшь?

А Мишка:

— Где же горючее в машине? Ведь в самоваре... то есть в баке, нет ни капли горючего.

А Андрюшка:

— Ну и что?

Тогда Мишка ему:

— А вот как дам, тогда узнаешь «ну и что»!

Тут я вмешался и крикнул:

— Наполнить бак! Механик, быстро!

И я грозно посмотрел на Костика. Он сейчас же сообразил, что это он и есть механик, схватил ведёрко и побежал в котельную за водой. Он там набрал полведра горячей воды, прибежал обратно, влез на кирпич и стал заливать.

Он наливал воду в самовар и кричал:

— Есть горючее! Всё в порядке!

А Мишка стоял под самоваром и ругал Андрюшку на чём свет стоит.

И тут на Мишку полилась вода. Она была не горячая, но ничего себе, довольно чувствительная, и, когда она залилась Мишке за воротник и на голову, он здорово испугался и отскочил как ошпаренный. Самовар-то был, видать, дырявый. Он Мишку почти всего окатил, а главный инженер злорадно захохотал:

— Так тебе и надо!

У Мишки прямо засверкали глаза.

И я увидел, что Мишка сейчас даст этому нахальному инженеру по шее, поэтому я быстро встал между ними и сказал:

— Слушайте, ребя, а как же мы назовём наш корабль?

— «Торпедо», — сказал Костик.

— Или «Спартак», — перебил Андрюшка, — а то «Динамо».

Мы стали строить ракету прямо на нашей площадке.

Мишка опять обиделся и сказал:

— Нет уж, тогда «ЦСКА»!

Я им сказал:

— Ведь это же не футбол! Вы ещё нашу ракету «Пахтакор» назовите! Надо назвать «Восток-2»! Потому что у Гагарина просто «Восток» называется корабль, а у нас будет «Восток-2»!.. На, Мишка, краску, пиши!

Он сейчас же взял кисточку и принялся малевать, сопя носом. Он даже высунул язык. Мы стали глядеть на него, но он сказал:

— Не мешайте! Не глядите под руку!

И мы от него отошли.

А я в это время взял градусник, который я утащил из ванной, и измерил Андрюшке температуру. У него оказалось сорок восемь и шесть. Я просто схватился за голову: я никогда не видел, чтобы у обыкновенного мальчика была такая высокая температура. Я сказал:

— Это какой-то ужас! У тебя, наверно, ревматизм или тиф. Температура сорок восемь и шесть! Отойди в сторону.

Он отошёл, но тут вмешался Костик:

— Теперь осмотри меня! Я тоже хочу быть космонавтом!

Вот какое несчастье получается: все хотят! Прямо отбою от них нет. Всякая мелюзга, а туда же!

Я сказал Костику:

— Во-первых, ты после кори. И тебе никакая мама не разрешит быть космонавтом. А во-вторых, покажи язык!

Он моментально высунул кончик своего языка. Язык был розовый и мокрый, но его было мало видно.

Я сказал:

— Что ты мне какой-то кончик показываешь? Давай весь вываливай!

Он сейчас же вывалил весь свой язык, так что чуть до воротника не достал. Неприятно было на это смотреть, и я ему сказал:

— Всё, всё, хватит! Довольно! Можешь убирать свой язык. Чересчур он у тебя длинный, вот что. Просто ужасно длиннющий. Я даже удивляюсь, как он у тебя во рту укладывается.

Костик совершенно растерялся, но потом всё-таки опомнился, захлопал глазами и говорит с угрозой:

— Ты не трещи! Ты прямо скажи: гожусь я в космонавты?

Тогда я сказал:

— С таким-то языком? Конечно, нет! Ты что, не понимаешь, что, если у космонавта длинный язык, он уже никуда не годится? Он ведь всем на свете разболтает все секреты: где какая звезда вертится и всё такое... Нет, ты, Костик, лучше успокойся! С твоим язычищем лучше на Земле сидеть.

Тут Костик ни с того ни с сего покраснел как помидор. Он отступил от меня на шаг, сжал кулаки, и я понял, что сейчас у нас с ним начнётся самая настоящая драка. Поэтому я тоже быстро поплевал в кулаки и выставил ногу вперёд, чтобы была настоящая боксёрская поза, как на фотографии у чемпиона лёгкого веса.

Костик сказал:

— Сейчас дам плюху!

А я сказал:

— Сам схватишь две!

Он сказал:

— Будешь валяться на земле!

А я ему:

— Считай, что ты уже умер!

Тогда он подумал и сказал:

— Неохота что-то связываться...

А я:

— Ну и замолкни!

И тут Мишка закричал нам от ракеты:

— Эй, Костик, Дениска, Андрюшка! Идите надпись смотреть.

Мы побежали к Мишке и стали глядеть. Ничего себе была надпись, только кривая и в конце завивалась книзу. Андрюшка сказал:

— Во здорово!

И Костик сказал:

— Блеск!

А я ничего не сказал. Потому что там было написано так: «ВАСТОК-2».

Я не стал этим Мишку допекать, а подошёл и исправил обе ошибки. Я написал: «ВОСТОГ-2».

И всё. Мишка покраснел и промолчал. Потом он подошёл ко мне, взял под козырек.

— Когда назначаете запуск? — спросил Мишка.

Я сказал:

— Через час!

Мишка сказал:

— Ноль-ноль?

И я ответил:

— Ноль-ноль!

* * *

Прежде всего нам нужно было достать взрывчатку. Это было нелёгкое дело, но кое-что всё-таки набралось. Во-первых, Андрюшка притащил десять штук ёлочных бенгальских огней. Потом Мишка тоже принёс какой-то пакетик — я забыл, как называется, вроде борной кислоты. Мишка сказал, что эта кислота очень красиво горит. А я приволок две шутихи, они у меня ещё с прошлого года в ящике валялись. И мы взяли трубу от нашего самовара-бака, заткнули с одного конца тряпкой и затолкали туда всю нашу взрывчатку и утрясли её как следует. А потом Костик принёс какой-то поясок от маминого халата, и мы сделали из него бикфордов шнур. Всю нашу трубу мы уложили во вторую ступеньку ракеты и привязали её верёвками, а шнур вытащили наружу, и он лежал за нашей ракетой на земле, как хвост от змеи. И теперь всё у нас было готово.

— Теперь, — сказал Мишка, — пришла пора решать, кто полетит. Ты или я, потому что Андрюшка и Костик пока ещё не подходят.

— Да, — сказал я, — они не подходят по состоянию здоровья.

Как только я это сказал, так из Андрюшки сейчас же закапали слёзы, а Костик отвернулся и стал колупать стену, потому что из него тоже, наверно, закапало, но он стеснялся, что вот ему уже скоро семь, а он плачет. Тогда я сказал:

— Костик назначается Главным Зажигателем!

Мишка добавил:

— А Андрюшка назначается Главным Запускателем!

Тут они оба повернулись к нам, и лица у них стали гораздо веселее, и никаких слёз не стало видно, просто удивительно!

Тогда я сказал:

— Мишка, а мы давай считаться на космонавта.

Мишка сказал:

— Только, чур, я считаю!

И мы стали считаться:

— Заяц — белый — куда — бегал — в лес — дубовый — чего — делал — лыки — драл — куда — клал — под — колоду — кто — украл — Спири — дон — Мор — дель — он — тинтиль — винтиль — выйди — вон!

Мишке вышло выйти вон. Он, конечно, постарше и Костика и Андрюшки, но глаза у него стали такие печальные, что не ему лететь, просто ужас! Я сказал:

— Мишка, ты в следующий полёт полетишь безо всякой считалки, ладно?

А он сказал:

— Давай садись!

Что ж, ничего не поделаешь, мне ведь по-честному досталось. Мы с ним считались, и он сам считал, а мне выпало, тут уж ничего не поделаешь. И я сразу полез в бочку. Там было темно и тесно, особенно мне мешала вторая ступенька. Из-за неё нельзя было спокойно лежать, она впивалась в бок. Я хотел повернуться и лечь на живот, но тут же треснулся головой о бак, он впереди торчал. Я подумал, что, конечно, космонавту трудно сидеть в кабине, потому что аппаратуры очень много, даже чересчур! Но всё-таки я приспособился, и свернулся в три погибели, и лёг, и стал ждать запуска.

И вот слышу — Мишка кричит:

— Подготовьсь! Смиррнаа! Запускатель, не ковыряй в носу! Иди к моторам.

И сразу Андрюшкин голос:

— Есть к моторам!

И я понял, что скоро запуск, и стал лежать дальше.

И вот слышу — Мишка опять командует:

— Главный Зажигатель! Готовьсь! Зажж...

И сразу я услышал, как Костик завозился со своим спичечным коробком и, кажется, не может от волнения достать спичку, а Мишка, конечно, растягивает команду, чтобы всё вместе совпало — и Костикина спичка, и его команда. Вот он и тянет:

— Зажж...

И я подумал: ну, сейчас! И даже сердце заколотилось! А Костик всё ещё брякает спичками. Мне ясно представилось, как у него руки трясутся и он не может ухватить спичку.

А Мишка своё:

— Зажж... Давай же, вахля несчастная! Зажжж...

И вдруг я ясно услышал: чирк! И Мишкин радостный голос:

— ...жжи-гай! Зажигай!

Я глаза зажмурил, съёжился и приготовился лететь. Вот было бы здорово, если б это вправду, все бы с ума посходили, и я ещё сильнее зажмурил глаза. Но ничего не было: ни взрыва, ни толчка, ни огня, ни дыму — ничего. И это наконец мне надоело, и я заорал из бочки:

— Скоро там, что ли? У меня весь бок отлежался — ноет!

И тут ко мне в ракету залез Мишка. Он сказал:

— Заело. Бикфордов шнур отказал.

Я чуть ногой не лягнул его от злости:

— Эх, вы, инженеры называются! Простую ракету запустить не можете! А ну, давайте я!

И я вылез из ракеты. Андрюшка и Костик возились с бикфордовым шнуром, и у них ничего не выходило. Я сказал:

— Товарищ Мишка! Снимите с работы этих дураков! Я сам!

И подошёл к самоварной трубе и первым делом начисто оторвал ихний мамин бикфордов поясок. Я им крикнул:

— А ну, разойдись! Живо!

И они все разбежались кто куда. А я запустил руку в трубу, и снова там всё перемешал, и бенгальские огоньки уложил сверху. Потом я зажёг спичку и сунул её в трубу. Я закричал:

— Держись!

И отбежал в сторону. Я и не думал, что будет что-нибудь особенное, ведь там, в трубе, ничего такого не было. Я хотел сейчас во весь голос крикнуть: «Бух, тарра-рах!» — как будто это взрыв, чтобы играть дальше. И я уже набрал воздуху и хотел крикнуть погромче, но в это время в трубе что-то ка-ак свистнет да ка-ак д-даст! И труба отлетела от второй ступени и стала подлетать и падать, и дым!.. А потом как бабахнет! Ого! Это, наверно, шутихи там сработали, не знаю, или Мишкин порошок! Бах! Бах! Бах! Я, наверно, от этого баханья немножко струсил, потому что я увидел перед собою дверь, и решил в неё убежать, и открыл, и вошёл в эту дверь, но это оказалась не дверь, а окно, и я прямо как вбежал в него, так оступился и упал прямо в наше домоуправление. Там за столом сидела Зинаида Ивановна, и она на машинке считала, кому сколько за квартиру платить. А когда она меня увидела, она, наверно, не сразу меня узнала, потому что я запачканный был, прямо из грязной бочки, лохматый и даже кое-где порванный. Она просто обомлела, когда я упал к ней из окна, и она стала обеими руками от меня отмахиваться. Она кричала:

— Что это? Кто это?

...труба отлетела от второй ступени и стала подлетать...

И, наверно, я здорово смахивал на чёрта или на какое-нибудь подземное чудовище, потому что она совсем потеряла рассудок и стала кричать на меня так, как будто я был имя существительное среднего рода.

— Пошло вон! Пошло вон отсюда! Вон пошло!

А я встал на ноги, прижал руки по швам и вежливо ей сказал:

— Здравствуйте, Зинаида Иванна! Не волнуйтесь, это я!

И стал потихоньку пробираться к выходу. А Зинаида Ивановна кричала мне вдогонку:

— А, это Денис! Хорошо же!.. Погоди!.. Ты у меня узнаешь!.. Всё расскажу Алексею Акимычу!

И у меня от этих криков очень испортилось настроение. Потому что Алексей Акимыч — наш управдом. И он меня к маме отведёт и папе нажалуется, и будет мне плохо. И я подумал, как хорошо, что его не было в домоуправлении и что мне, пожалуй, всё-таки денька два-три надо не попадаться ему на глаза, пока всё уладится. И тут у меня опять стало хорошее настроение, и я бодро-весело вышел из домоуправления. И как только я очутился во дворе, я сразу увидел целую толпу наших ребят. Они бежали и галдели, а впереди них довольно резво бежал Алексей Акимыч. Я страшно испугался. Я подумал, что он увидел нашу ракету, как она лежит взорванная, и, может быть, проклятая труба побила окна или ещё что-нибудь, и вот он теперь бежит разыскивать виноватого, и ему кто-нибудь сказал, что это я главный виноватый, и вот он меня увидел, я прямо торчал перед ним, и сейчас он меня схватит! Я это всё подумал в одну секунду, и, пока я всё это додумывал, я уже бежал от Алексея Акимыча во всю мочь, но через плечо увидел, что он припустился за мной со всех ног, и я тогда побежал мимо садика и направо, и бежал вокруг грибка, но Алексей Акимыч кинулся ко мне наперерез и прямо в брюках прошлёпал через фонтан, и у меня сердце упало в пятки, и тут он меня ухватил за рубашку. И я подумал: всё, конец. А он перехватил меня двумя руками под мышки и как подкинет вверх! А я терпеть не могу, когда меня за подмышки поднимают, мне от этого щекотно, и я корчусь как не знаю кто и вырываюсь. И вот я гляжу на него сверху и корчусь, а он смотрит на меня и вдруг заявляет ни с того ни с сего:

— Кричи «ура»! Ну! Кричи сейчас же «ура»!

И тут я ещё больше испугался: я подумал, что он с ума сошёл. И что, пожалуй, не надо с ним спорить, раз он сумасшедший. И я крикнул не слишком-то громко:

— Ура!.. А в чём дело-то?

И тут Алексей Акимыч поставил меня наземь и говорит:

— А в том дело, что сегодня второго космонавта запустили! Товарища Германа Титова! Ну что, не ура, что ли?

Тут я как закричу:

— Конечно, ура! Ещё какое ура-то!

Я так крикнул, что голуби вверх шарахнулись. А Алексей Акимыч улыбнулся и пошёл в своё домоуправление.

А мы всей толпой побежали к громкоговорителю и целый час слушали, что передавали про товарища Германа Титова, и про его полёт, и как он ест, и всё, всё, всё. А когда в радио наступил перерыв, я сказал:

— А где же Мишка?

И вдруг слышу:

— Я вот он!

И правда, оказывается, он рядом стоит. Я в такой горячке был, что его и не заметил. Я сказал:

— Ты где был?

А он:

— Я тут. Я всё время тут.

Я спросил:

— А как наша ракета? Взорвалась небось на тысячи кусков?

А Мишка:

— Что ты! Целёхонька! Это только труба так тарахтела. А ракета, что ей сделается? Стоит как ни в чём не бывало!

Я сказал:

— Бежим посмотрим?

И когда мы прибежали, я увидел, что всё в порядке, всё цело и можно играть ещё сколько угодно. Я сказал:

— Мишка, а теперь два, значит, космонавта?

Он сказал:

— Ну да, Гагарин и Титов.

А я сказал:

— Они, наверно, друзья?

— Конечно, — сказал Мишка, — ещё какие друзья!

Тогда я положил Мишке руку на плечо. У него узкое было плечо и тонкое. И мы с ним постояли смирно и помолчали, а потом я сказал:

— И мы с тобой друзья, Мишка. И мы с тобой вместе полетим в следующий полёт.

И тогда я подошел к ракете, и нашёл красочку, и дал её Мишке, чтобы он подержал. И он стоял рядом, и держал краску, и смотрел, как я рисую, и сопел, как будто мы вместе рисовали. И я увидел ещё одну ошибку и тоже исправил, и, когда я закончил, мы отошли с ним на два шага назад и посмотрели, как красиво было написано на нашем чудесном корабле — «ВОСТОК-3».

ПРОФЕССОР КИСЛЫХ ЩЕЙ

Мой папа не любит, когда я мешаю ему читать газеты. Но я про это всегда забываю, потому что мне очень хочется с ним поговорить. Ведь он же мой единственный отец? Мне всегда хочется с ним поговорить.

Вот он раз сидел и читал газету, а мама пришивала мне воротник к куртке. Я сказал:

— Пап, а ты знаешь, сколько в озеро Байкал можно напихать Азовских морей?

Он сказал:

— Не мешай...

Я сказал:

— Девяносто два! Здорово?

Он сказал:

— Здорово. Не мешай, ладно?

И снова стал читать.

Я сказал:

— Ты художника Эль Греко знаешь?

Он кивнул.

Я сказал:

— Его настоящая фамилия Доменико Тео-Котапули! Потому что он грек с острова Крит. А Крит был греческий когда-то.

Вот этого художника испанцы и прозвали Эль Греко!.. Интересные дела. Кит, например, папа, за пять километров слышит!

Папа сказал:

— Помолчи хоть немного... Хоть пять минут...

Но у меня было столько новостей для папы, что я не мог удержаться. Из меня высыпались новости, прямо выскакивали одна за другой. Потому что очень уж их было много. Если бы их было поменьше, может быть, мне легче было бы перетерпеть, и я бы помолчал, но их было много, и поэтому я ничего не мог с собой поделать. Я сказал:

— Папа! Ты не знаешь самую главную новость: на больших Зондских островах живут маленькие буйволы. Они, папа, карликовые. Называются кентусы. Такого кентуса можно в чемодане привезти!

— Ну да? — сказал папа. — Просто чудеса! Дай спокойно почитать газету, ладно?

— Читай, читай, — сказал я, — читай, пожалуйста! Понимаешь, папа, выходит, что у нас в коридоре может пастись целое стадо таких буйволов!.. А Гагарину ключ подарили от Каира! Ура?

— Ура, — сказал папа. — Замолчишь, нет?

— А солнце стоит не в центре неба, — сказал я, — а сбоку!

— Не может быть, — сказал папа.

— Даю слово, — сказал я, — оно стоит сбоку! Сбоку припёка.

Папа посмотрел на меня туманными глазами. Потом глаза у него прояснились, и он сказал маме:

— Где это он нахватался? Откуда? Когда?

Мама улыбнулась:

— Он современный ребёнок. Он читает, слушает радио. Телевизор. Лекции. А ты как думал?

— Удивительно, — сказал папа, — как это быстро всё получается.

И он снова укрылся за газетой, а мама его спросила:

Мой папа не любит, когда я мешаю ему читать газеты.

— Чем это ты так зачитался?

— Африка, — сказал папа. — Кипит! Конец колониализму!

— Ещё не конец! — сказал я.

— Что? — спросил папа.

Я подлез к нему под газету и встал перед ним.

— Есть ещё зависимые страны, — сказал я. — Много ещё есть зависимых. Больше двадцати ещё мучаются.

Он сказал:

— Ты не мальчишка. Нет. Ты просто профессор! Настоящий профессор... кислых щей!

И он засмеялся, и мама вместе с ним. Она сказала:

— Ну ладно, Дениска, иди погуляй. — Она протянула мне куртку и подтолкнула меня: — Иди, иди!

Я пошёл и спросил у мамы в коридоре:

— А это что такое, мама, профессор кислых щей? В первый раз слышу такое выражение! Это он меня в насмешку так назвал — кислых щей? Это обидное?

Но мама сказала:

— Что ты, это нисколько не обидное. Разве папа может тебя обидеть? Это он, наоборот, тебя похвалил!

Я сразу успокоился, раз он меня похвалил, и пошёл гулять. А на лестнице я вспомнил, что мне надо проведать Алёнку, а то все говорят, что она заболела и ничего не ест. И я пошёл к Алёнке. У них сидел какой-то дяденька, в синем костюме и с белыми руками. Он сидел за столом и разговаривал с Алёнкиной мамой. А сама Алёнка лежала на диване и приклеивала лошади ногу. Когда Алёнка меня увидела, она сразу заорала:

— Дениска пришёл! О-го-го!

Я вежливо сказал:

— Здравствуйте! Чего орёшь как дура?

И сел к ней на диван. А дяденька с белыми руками встал и сказал:

— Значит, всё ясно! Воздух, воздух и воздух. Ведь она вполне здоровая девочка! Ничего тревожного.

И я сразу понял, что это доктор.

Алёнкина мама сказала:

— Спасибо, профессор! Большое спасибо.

И она пожала ему руку. Видно, это был такой хороший доктор, что он всё знал, и его называли за это профессор.

Он подошёл к Алёнке и сказал:

— До свидания, Алёнка, выздоравливай.

Она покраснела, высунула язык, отвернулась к стенке и оттуда прошептала:

— До свидания...

Он погладил её по голове и повернулся ко мне:

— А вас как зовут, молодой человек?

Вот он какой был славный, на «вы» меня назвал.

Я сразу встал и сказал:

— Я Денис Кораблёв! А вас как зовут?

Он взял мою руку своей белой, большой и мягкой рукой. Я даже удивился, какая она мягкая. Ну прямо шёлковая. И от него от всего так вкусно пахло чистотой. И он потряс мне руку и сказал:

— А меня зовут Василий Васильевич Сергеев. Профессор.

Я сказал:

— Кислых щей? Профессор кислых щей?

Алёнкина мама всплеснула руками. А профессор покраснел и закашлял. И они оба вышли из комнаты.

И мне показалось, что они как-то не так вышли. Как будто даже выбежали. И ещё мне показалось, что я что-то не так сказал. Прямо не знаю...

А может быть, «кислых щей» — это всё-таки обидное, а?

И МЫ!..

Мы как только узнали, что наши небывалые герои в космосе называют друг друга Сокол и Беркут, так сразу порешили, что я теперь буду Беркут, а Мишка — Сокол. Потому что всё равно мы будем учиться на космонавтов, а Сокол и Беркут такие красивые имена! И ещё мы решили с Мишкой, что до тех пор, пока нас примут в космонавтскую школу, мы будем с ним понемножку закаляться как сталь. И как только мы это решили, я пошёл домой и стал закаляться.

Я залез под душ и пустил сначала тёпленькой водички, а потом, наоборот, поддал холодной. И я её довольно легко перетерпел. Тогда я подумал, что, раз дело идёт так хорошо, надо, пожалуй, подзакалиться чуточку получше, и пустил леденистую струю. О-го-го! У меня сразу вжался живот, и я покрылся пупырками.

И так постоял с полчасика или минут пять и здорово закалился! И когда я потом одевался, то вспомнил, как бабушка читала стихи про одного мальчишку, как он посинел и весь дрожал.

А после обеда у меня потекло из носу, и я стал чихать.

Мама сказала:

— Выпей аспирину, и завтра будешь здоров. Ложись-ка! На сегодня всё!

И у меня сейчас же испортилось настроение. Я чуть было не заревел, но в это время под окошком раздался крик:

— Бе-еркут!.. А, Беркут!.. Да Беркут же!..

Я подбежал к окошку, высунулся, а там Мишка!

Я сказал:

— Чего тебе, Сокол?

А он:

— Давай выходи на орбиту!

Это во двор, значит.

Я ему говорю:

— Мама не пускает. Я простудился!

А мама потянула меня за ноги и говорит:

— Не высовывайся так далеко! Упадёшь! С кем это ты?

Я говорю:

— Ко мне друг пришёл. Небесный брат. Близнец! А ты мешаешь!

Но мама сказала железным голосом:

— Не высовывайся!

Я говорю Мишке:

— Мне мама не велит высовываться...

Мишка немножко подумал, а потом обрадовался:

— Не велит высовываться, и правильно. Это будет у тебя испытание на невысовываемость!

Тогда я всё-таки немножко высунулся и сказал ему тихонько:

— Эх, Сокол ты мой, Сокол! Мне тут, может, сутки безвыходно торчать!

А Мишка опять всё по-своему перевернул:

— И очень хорошо! Прекрасная тренировка! Закрой глаза и лежи как в сурдокамере!

Я говорю:

— Вечером я с тобой установлю телефонную связь.

— Ладно, — сказал Мишка, — ты устанавливай со мной, а я — с тобой.

И он ушёл.

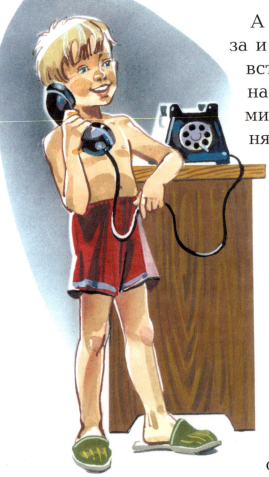

А я лёг на папин диван и закрыл глаза и тренировался на молчание. Потом встал и сделал зарядку. Потом понаблюдал в иллюминатор неведомые миры, а потом пришёл папа, и я принял ужин из натуральных продуктов.

Самочувствие было превосходное. Я принёс и разложил раскладушку.

Папа сказал:

— Что так рано?

А я сказал со значением:

— Вы как хотите, а я буду спать.

Мама положила мне руку на лоб и сказала:

— Ребёнок заболел!

А я ничего ей не сказал. Если они не понимают, что это всё тренировка на космонавта, то зачем объяснять? Не стоит. Потом сами узнают, из газет, когда их благодарить будут за то, что воспитали такого сына, как я!

Пока я думал, прошло довольно много времени, и я вспомнил, что пора налаживать телефонную связь с Мишкой.

Я вышел в коридор и набрал номер. Мишка подошёл сразу, только у него был какой-то чересчур толстый голос:

— Н-да, н-да! Говорите!

Я сказал:

— Сокол, это ты?

А он:

— Что-что?

Я опять:

— Сокол, это ты или нет? Это Беркут! Как дела?

Он засмеялся, посопел и говорит:

— Очень остроумно! Ну, довольно разыгрывать. Сонечка, это вы?

Я говорю:

— Какая там ещё Сонечка, это Беркут! Ты что, обалдел, что ли?

А он:

— Кто это? Что за выражения? Хулиганство! Кто это говорит?

Я сказал:

— Это никто не говорит!

И повесил трубку. Наверно, я не туда попал. Тут папа позвал меня, и я вернулся в комнату, разделся и лёг. И только стал задрёмывать, вдруг: зззззззь! Телефон! Папа вскочил и выбежал в коридор, и, пока я нашаривал тапочки, я слышал его серьёзный голос:

— Беркутова? Какого Беркутова? Здесь такого нет! Набирайте внимательно!

Я сразу понял, что это Мишка! Это связь! Я выбежал в коридор прямо в чём мать родила, в одних трусиках.

— Это меня, меня! Это я Беркут!

Папа сейчас же отдал мне трубку, и я закричал:

— Это Сокол? Это Беркут! Слушаю вас!

А Мишка:

— Докладывай, чем занимаешься!

Я говорю:

— Я сплю!

А Мишка:

— Я тоже! Я уже почти совсем заснул, да вспомнил одно важное дело. Беркут, слушай! Перед сном надо спеть! Вдвоём! На пару! Чтобы у нас получился космический дуэт!

Я прямо подпрыгнул:

— Молодец, Сокол! Давай любимую космонавтскую! Подпевай!

И я запел изо всех сил. Я хорошо пою, громко! Громче меня никто не может. Я по громкости первый в нашем хоре. И вот когда я запел, сейчас же изо всех дверей стали высыпаться соседи, они кричали: «Безобразие... Что случилось... Уже поздно... Распустились... Здесь коммунальная квартира... Я думала, поросёнка режут...», — но папа им сказал:

— Это небесные близнецы, Сокол с Беркутом, поют перед сном!

И тогда все замолчали.

А мы с Мишкой допели до конца:

...На пыльных тропинках далёких планет
Останутся наши следы!

КРАСНЫЙ ШАРИК В СИНЕМ НЕБЕ

Вдруг наша дверь распахнулась, и Алёнка закричала из коридора:

— В большом магазине весенний базар!

Она ужасно громко кричала, и глаза у неё были круглые, как кнопки, и отчаянные. Я сначала подумал, что кого-нибудь зарезали. А она снова набрала воздуха и давай:

— Бежим, Дениска! Скорее! Там квас продают шипучий! Музыка играет, и разные куклы! Бежим!

Кричит, как будто случился пожар. И я от этого тоже как-то заволновался, и у меня стало щекотно под ложечкой, и я заторопился и выскочил из комнаты.

Мы взялись с Алёнкой за руки и побежали как сумасшедшие в большой магазин. Там была целая толпа народу, и в самой середине стояли сделанные из чего-то блестящего мужчина и женщина, огромные, под потолок, и, хотя они были ненастоящие, они хлопали глазами и шевелили нижними губами, как будто говорят. Мужчина кричал:

— Весенний базаррр! Весенний базаррр!

А женщина:

— Добро пожаловать! Добррро пожаловать!

Мы долго на них смотрели, а потом Алёнка говорит:

— Как же они кричат? Ведь они ненастоящие!

— Просто непонятно, — сказал я.

Тогда Алёнка сказала:

— А я знаю. Это не они кричат! Это у них в середине живые артисты сидят и кричат себе целый день. А сами за верёвочку дёргают, и у кукол от этого шевелятся губы.

Я прямо расхохотался:

— Вот и видно, что ты ещё маленькая. Станут тебе артисты в животе у кукол сидеть целый день. Представляешь? Целый день скорчившись — устанешь небось! А есть, пить надо? И ещё разное, мало ли что... Эх, ты, темнота! Это радио в них кричит.

Алёнка сказала:

— Ну и не задавайся!

И мы пошли дальше. Всюду было очень много народу, все разодетые и весёлые, и музыка играла, и один дядька крутил лотерею и кричал:

> Подходите сюда поскорее,
> Здесь билеты вещевой лотереи!
> Каждому выиграть недолго
> Легковую автомашину «Волга»!
> А некоторые сгоряча
> Выигрывают «Москвича»!

И мы возле него тоже посмеялись, как он бойко выкрикивает, и Алёнка сказала:

— Всё-таки когда живое кричит, то интересней, чем радио.

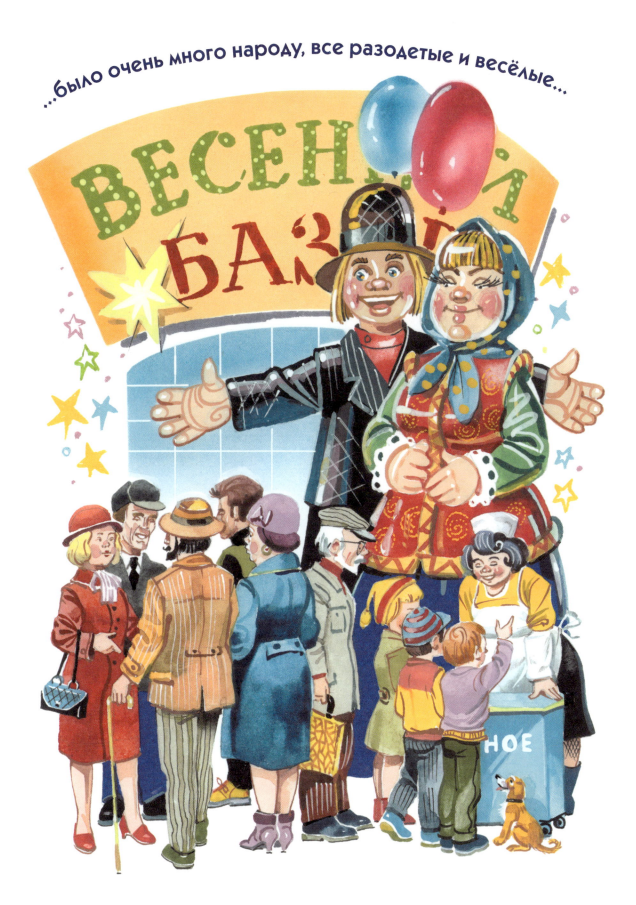

И мы долго бегали в толпе между взрослыми и очень веселились, и какой-то военный дядька подхватил Алёнку под мышки, а его товарищ нажал кнопочку в стене, и оттуда вдруг забрызгал одеколон, и, когда Алёнку поставили на пол, она вся пахла леденцами, а дядька сказал:

— Ну что за красотулечка, сил моих нет!

Но Алёнка от них убежала, а я — за ней, и мы наконец очутились возле кваса. У меня были завтрачные деньги, и мы поэтому с Алёнкой выпили по две большие кружки, и у Алёнки живот сразу стал как футбольный мяч, а у меня всё время шибало в нос и кололо в носу иголочками. Шикарно, прямо первый сорт, и когда мы снова побежали, то я услышал, как квас во мне булькает. И мы захотели домой и выбежали на улицу. Там было ещё веселей, и у самого входа стояла женщина и продавала воздушные шарики.

Алёнка, как только увидела эту женщину, остановилась как вкопанная. Она сказала:

— Ой! Я хочу шарика!

А я сказал:

— Хорошо бы, да денег нету.

А Алёнка:

— У меня есть одна денежка.

Я говорю:

— Покажи!

Она достала из кармана.

Я сказал:

— Ого! Десять копеек! Тетенька, дайте ей шарик!

Продавщица улыбнулась:

— Вам какой? Красный, синий, голубой?

Алёнка взяла красный. И мы пошли. И вдруг Алёнка говорит:

— Хочешь поносить?

И протянула мне ниточку. Я взял. И сразу как взял, так услышал, что шарик тоненько-тоненько потянул за ниточку! Ему, наверно, хотелось улететь. Тогда я немножко отпустил ниточку и опять услышал, как он настойчиво так потягивается из рук, как будто очень просится улететь. И мне вдруг стало его как-то жалко, что вот он может летать, а я его держу на привязи, и я взял и выпустил его. И шарик сначала даже не отлетел от меня, как будто не поверил, а потом почувствовал, что это вправду, и сразу рванулся и взлетел выше фонаря.

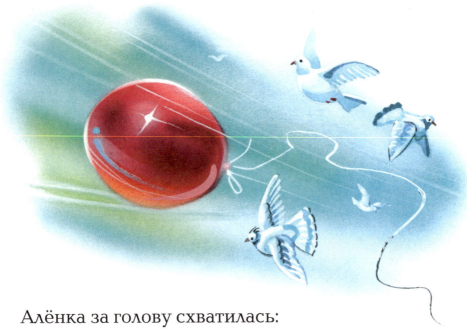

Алёнка за голову схватилась:

— Ой, зачем, держи!..

И стала подпрыгивать, как будто могла допрыгнуть до шарика, но увидела, что не может, и заплакала:

— Зачем ты его упустил?..

Но я ей ничего не ответил. Я смотрел вверх, на шарик. Он летел кверху плавно и спокойно, как будто этого и хотел всю жизнь.

И я стоял, задрав голову, и смотрел, и Алёнка тоже, и многие взрослые остановились и тоже позадирали головы — посмотреть, как летит шарик, а он всё летел и уменьшался.

Вот он пролетел последний этаж большущего дома, и кто-то высунулся из окна и махал ему вслед, а он ещё выше и немножко вбок, выше антенн и голубей, и стал совсем маленький... У меня что-то в ушах звенело, когда он летел, а он уже почти исчез. Он залетел за облачко, оно было пушистое и маленькое, как крольчонок, потом снова вынырнул, пропал и совсем скрылся из виду и теперь уже, наверно, был в стратосфере, около Луны, а мы всё смотрели вверх, и в глазах у меня замелькали какие-то хвостатые точки и узоры. И шарика уже не было нигде. И тут Алёнка вздохнула еле слышно, и все пошли по своим делам.

И мы тоже пошли, и молчали, и всю дорогу я думал, как это красиво, когда весна на дворе, и все нарядные и весёлые, и машины туда-сюда, и милиционер в белых перчатках, а в чистое синее-синее небо улетает от нас красный шарик... И ещё я думал, как жалко, что я не могу это всё рассказать Алёнке. Я не сумею словами, и, если бы сумел, всё равно Алёнке бы это было непонятно, она ведь маленькая. Вот она идет рядом со мной, вся такая притихшая, и слёзы ещё не совсем просохли у неё на щеках. Ей небось жаль своего шарика.

И мы шли так с Алёнкой до самого дома и молчали, а возле наших ворот, когда стали прощаться, Алёнка сказала:

— Если бы у меня были деньги, я бы купила ещё один шарик... чтоб ты его выпустил.

СТАРЫЙ МОРЕХОД

Марья Петровна часто ходит к нам чай пить. Она вся такая полная, платье на нее натянуто тесно, как наволочка на подушку. У неё в ушах разные серёжки болтаются, и душится она чем-то сухим и сладким. Я когда этот запах слышу, так у меня сразу горло сжимает. Марья Петровна всегда как только меня увидит, так сразу начинает приставать: кем я хочу быть и какая девочка в классе мне больше всех нравится. Да никакая, вот и всё! Я ей уже пять раз объяснял, а она всё хохочет и грозит мне пальцем! Чудная. Она когда первый раз к нам пришла, на дворе была весна, деревья все распустились и в окно пахло зеленью, и, хотя был уже вечер, всё равно было светло. И вот мама стала меня посылать спать, и, когда я не захотел ложиться, эта Марья Петровна вдруг говорит:

— Будь умницей, ложись спать, а в следующее воскресенье я тебя на дачу возьму, на Клязьму. Мы на электричке поедем. Там речка есть и собака, и мы на лодке покатаемся все втроём...

И я сразу лёг, и укрылся с головой, и стал думать о следующем воскресенье, как я поеду к ней на дачу, и пробегусь босиком по траве, и увижу речку, и, может быть, мне дадут погрести, и уключины будут звенеть, и вода будет булькать, и с вёсел в воду будут стекать капли, прозрачные как стекло. И я подружусь там с собачонкой, Жучкой или Тузиком, и буду смотреть в его жёлтые глаза, и потрогаю его язык, такой красивый и приятный, когда он его высунет от жары.

И я так лежал, и думал, и слышал смех Марьи Петровны, и незаметно заснул, и потом целую неделю, когда ложился спать, думал всё то же самое. И когда наступила суббота, я вычистил ботинки и зубы, и взял свой перочинный ножик, и наточил его о плиту, потому что мало ли какую я палку себе вырежу в лесу в деревне, может быть, даже ореховую. А утром я встал раньше всех и оделся и стал ждать Марью Петровну. Папа, когда позавтракал и прочитал газеты, сказал:

— Пошли, Дениска, на Чистые, погуляем!

Но я ему сказал:

— Что ты, папа? А Марья Петровна? Она сейчас приедет за мной, и мы отправимся на Клязьму. Там собака и лодка. Я её должен подождать.

Папа помолчал, потом посмотрел на маму, потом пожал плечами и стал пить второй стакан чаю. А я быстро дозавтракал и вышел во двор. Я гулял у ворот, чтобы сразу увидеть Марью Петровну, когда она придёт. Но её что-то долго не было. Тогда ко мне подошёл Мишка. Он сказал:

— Пошли слазим на чердак! Посмотрим, родились голубята или нет...

— Понимаешь, не могу... Я в деревню уезжаю на денёк. Там собака есть и лодка. Сейчас за мной одна тётенька приедет, и мы поедем с ней на электричке.

Тогда Мишка сказал:

— Вот это да! А может, вы и меня захватите?

Я очень обрадовался, что Мишка тоже согласен ехать с нами, всё-таки мне с ним куда интереснее будет, чем только с одной Марьей Петровной. Я сказал:

— Какой может быть разговор! Конечно, мы тебя возьмём, с удовольствием! Марья Петровна добрая, чего ей стоит!

И мы стали вдвоём ждать с Мишкой. Мы вышли в переулок и долго стояли и ждали, и, когда появлялась какая-нибудь женщина, Мишка обязательно спрашивал:

— Эта?

И через минуту снова:

— Вон та?

Но это всё были незнакомые женщины, и нам стало скучно, жарко, и мы устали так долго ждать.

Мишка рассердился и сказал:

— Мне надоело!

И ушёл.

А я ждал. Я хотел её дождаться. Я ждал до самого обеда. Во время обеда папа опять сказал, как будто между прочим:

— Так идёшь на Чистые? Давай решай, а то мы с мамой пойдём в кино!

Я сказал:

— Я подожду. Ведь я обещал ей подождать. Не может она не прийти.

Но она не пришла. А я не был в этот день на Чистых прудах и не посмотрел на голубей, и папа, когда пришёл из кино, велел мне уходить от ворот. Он обнял меня за плечи и сказал, когда мы шли домой:

— Будет ещё деревня в твоей жизни, и трава будет, и речка, и лодка, и собака... Всё будет, держи нос повыше!

Но я, когда лёг спать, я всё равно стал думать про деревню, лодку и собачонку, только как будто я там не с Марьей Петровной гуляю, а с Мишкой и с папой или с Мишкой и мамой. И время потекло, оно проходило, и я почти совсем забыл про

Марью Петровну, как вдруг однажды — трах-тарарах, пожалуйте! Дверь растворяется, и она входит собственной персоной. И серёжки в ушах звяк-звяк, и с мамой поцелуйство — чмок-чмок, и на всю квартиру пахнет чем-то сухим и сладким, и все садятся за стол, и ха-ха-ха, и хо-хо-хо, и начинают пить чай. Но я не вышел к Марье Петровне, я сидел за шкафом, потому что я сердился на Марью Петровну. А она сидела как ни в чём не бывало, вот что было удивительно! И когда она напилась своего любимого чаю, она вдруг ни с того ни с сего сама ко мне залезла и схватила меня за подбородок:

— Ты что такой угрюмый?

— Ничего, — сказал я.

— Давай вылезай, — сказала Марья Петровна.

— Мне и здесь хорошо! — сказал я.

Тогда она захохотала, и всё на ней брякало от смеха, и, когда отсмеялась, она сказала:

— А чего я тебе подарю...

Я сказал:

— Ничего не надо!

Она сказала:

— Саблю не надо?

Я сказал:

— Какую?

А она:

— Будённовскую. Настоящую. Кривую.

Вот это да! Я сказал:

— А у вас есть?

— Есть, — сказала она.

— Самой небось нужно? — сказал я.

Но она улыбнулась:

— А зачем мне? Я женщина, я военному делу не училась, зачем мне сабля? Лучше я её тебе подарю.

Я сказал:

— А когда?

— Да завтра, — сказала она. И было видно по ней, что ей нисколько не жалко сабли.

Я даже подумал, что она, наверно, глуповатая женщина, раз она добровольно отдаёт саблю. А она говорит дальше:

— Вот завтра придёшь после школы, а сабля здесь. Вот здесь, я её тебе прямо на кровать положу.

— Ну ладно, — сказал я, и вылез из-за шкафа, и сел за стол, и тоже пил с ней чай, и проводил её до дверей, когда она уходила.

И на другой день в школе я еле досидел до конца уроков и побежал домой сломя голову. Я бежал и размахивал правой рукой — в ней у меня была невидимая сабля, и я рубил и колол фашистов, и защищал чёрных ребят в Алжире, и перерубил всех врагов Кубы. Я из них прямо капусту нарубил. Это было, пока я бежал домой, ещё всё как будто, но дома меня ожидала сабля, настоящая будённовская сабля, и я знал, что в случае чего я сразу запишусь в добровольцы, и, раз у меня есть собственная сабля, меня обязательно примут. И тогда я буду герой, я поеду на Кубу, и Фидель Кастро снимется со мной в газету, и мы там оба будем стоять на фото, храбрые и весёлые, —

я с саблей, а он с бородой. И когда я вбежал в комнату, я сразу подбежал к своей раскладушке. Сабли не было. Я посмотрел под подушку, пошарил под одеялом и заглянул под кровать. Сабли не было. Не было сабли. Марья Петровна не сдержала слова. И сабли не было нигде, и не могло быть, ведь сабли с неба не падают...

Я подошёл к окну. Мама сказала:

— Может быть, она ещё придет?

Но я сказал:

— Нет, мама, она не придёт. Я так и знал.

Мама сказала:

— Зачем же ты под раскладушку-то лазил?..

Я объяснил ей:

— Я подумал: а вдруг она была? Понимаешь? Вдруг. На этот раз.

Мама сказала:

— Понимаю. Иди поешь.

И она подошла ко мне. А я поел и снова встал у окна.

Мне не хотелось идти во двор.

А когда пришёл папа, мама ему всё рассказала, и он подозвал меня к себе. Он снял со своей полки какую-то книгу и сказал:

— Давай-ка, брат, почитаем чудесную книжку про собаку. Называется «Майкл — брат Джерри». Джек Лондон написал.

И я быстро устроился возле папы, и он стал читать. Он хорошо читает, просто здорово! Да и книжка была ценная. Я в первый раз слушал такую интересную книжку. Приключения собаки. Как её украл один боцман. И они поехали на корабле искать клады. А корабль принадлежал трём богачам. Дорогу им указывал Старый Мореход, он был больной и одинокий старик, он говорил, что знает, где лежат несметные сокровища, и обещал этим трём богачам, что они получат каждый целую кучу алмазов и брильянтов, и эти богачи за эти обещания кормили Старого Морехода. А потом вдруг выяснилось, что корабль не может доехать до места, где клады, из-за нехватки воды. Это тоже подстроил Старый Мореход. И пришлось богачам ехать обратно несолоно хлебавши. Старый Мореход этим обманом добывал себе пропитание, потому что он был израненный бедный старик. И когда мы окончили эту книжку и снова стали её всю вспоминать с самого начала, папа вдруг засмеялся и сказал:

— А этот-то хорош, Старый Мореход! Да он просто обманщик, вроде твоей Марьи Петровны.

Но я сказал:

— Что ты, папа! Совсем не похоже. Ведь Старый Мореход обманывал, чтобы спасти свою жизнь. Ведь он же одинокий был, больной. А Марья Петровна? Разве она больная?

— Здорова как бык, — сказал папа.

— Ну да, — сказал я. — Ведь если бы Старый Мореход не врал, он бы умер, бедняга, где-нибудь в порту, прямо на голых камнях, между ящиками и тюками, под ледяным ветром и проливным дождём. Ведь у него же не было крова над головой! А у Марьи Петровны чудесная комната восемнадцать метров, со всеми удобствами. И сколько у неё серёжек, побрякушек и штучек!

— Потому что она мещанка, — сказал папа.

И я хотя и не знал, что это такое — мещанка, но я понял по папиному голосу, что это что-то скверное, и я ему сказал:

— А Старый Мореход был благородный, он спас своего больного друга, боцмана, — это раз. И ты ещё подумай, папа: ведь он обманывал только проклятых богачей, а Марья Петровна — меня. Объясни, зачем она меня-то обманывает? Разве я богач?

— Да забудь ты, — сказала мама, — не стоит так переживать!

А папа посмотрел на неё, и покачал головой, и замолчал. И мы лежали вдвоём на диване и молчали, и мне было тепло рядом с ним, и я захотел спать, но перед самым сном я всё-таки подумал:

«Нет, эту ужасную Марью Петровну нельзя даже и сравнивать с таким человеком, как мой милый, добрый Старый Мореход!»

РАССКАЖИТЕ МНЕ ПРО СИНГАПУР

Мы с папой поехали на воскресенье в гости, к родным. Они жили в маленьком городе под Москвой, и мы на электричке быстро доехали.

Дядя Алексей Михайлович и тётя Мила встретили нас на перроне.

Алексей Михайлович сказал:

— Ого, Дениска-то как возмужал!

А папа ответил:

— Да, Алексей Михайлович, нам время тлеть, а этим чертенятам — цвести.

Тётя Мила засмеялась и сказала:

— Не болтайте глупости. Иди, Денёк, со мной рядом. Это что за корзинка?

Я сказал:

— Здесь пластилин, карандаши и пистолеты...

Тётя Мила засмеялась, и мы пошли через рельсы, мимо станции и вышли на мягкую дорогу; по бокам дороги стояли деревья. И я быстро разулся и пошёл босиком, и было немного щекотно и колко ступням, так же как и в прошлом году, когда я в первый раз после зимы пошёл босиком. И в это время дорога повернула к берегу и в воздухе запахло рекой и ещё чем-то сладким, и я стал бегать по траве, и скакать, и кричать: «О-га-га-а!» И тётя Мила сказала:

— Телячий восторг.

И когда мы пришли к ней домой, было уже темно, и все сели на террасе пить чай, и мне тоже налили большую чашку. И я пил чай и клевал носом.

Вдруг Алексей Михайлович сказал папе:

— Знаешь, сегодня в ноль сорок к нам приедет Харитоша. Он у нас пробудет целые сутки, завтра только ночью уедет. Он проездом.

Папа ужасно обрадовался.

— Дениска, — сказал он, — твой двоюродный дядька Харитон Васильевич приедет! Он давно хотел с тобой познакомиться!

Я сказал:

— А почему я его не знаю?

Тётя Мила опять засмеялась.

— Потому что он живёт на Севере, — сказала она, — и редко бывает в Москве.

Я спросил:

— А он кто такой?

Алексей Михайлович поднял палец кверху:

— Капитан дальнего плавания — вот он кто такой. Не фунт изюму!

У меня даже мурашки побежали по спине. Как? Мой двоюродный дядька — капитан дальнего плавания? И я об этом только что узнал? Папа всегда так — про самое главное вспоминает совершенно случайно!

Я сказал:

— Что ж ты не говорил мне, папа, что у меня есть дядя капитан дальнего плавания? Не буду тебе сапоги чистить!

Тётя Мила снова расхохоталась. Я уже давно заметил, что тётя Мила смеётся кстати и некстати. Сейчас она засмеялась некстати. А папа сказал:

— Я тебе говорил ещё в позапрошлом году, когда он приехал из Сингапура, но ты тогда был ещё маленький. И ты, наверно, забыл. Но ничего, ложись-ка спать, завтра ты с ним увидишься!

Тут тётя Мила взяла меня за руку и повела с террасы в дом, и мы прошли через маленькую комнатку в другую, такую же. Там в углу приткнулась узенькая тахтушка. А около окна стояла большая цветастая ширма.

— Вот здесь и ложись! — сказала тётя Мила. — Раздевайся! А корзинку с твоими пистолетами я повешу у тебя в ногах.

Я сказал:

— А папа где будет спать?

Она сказала:

— Скорее всего, на террасе. Ты знаешь, как твой папа любит свежий воздух. А что? Ты будешь бояться?

Я сказал:

— И нисколько.

Разделся и лёг.

Тётя Мила сказала:

— Спи спокойно, мы тут, рядом.

И ушла.

А я улёгся на тахтушке и укрылся большим клетчатым платком. Я лежал и слышал, как они там тихо разговаривают на террасе и смеются, и я хотел спать, но всё время думал про своего капитана дальнего плавания.

Интересно, какая у него борода? Неужели растёт прямо из шеи, как я видел на картинке? А трубка какая? Кривая или прямая? А кортик — именной или простой? Капитанов даль-

него плавания часто награждают именными кортиками за проявленную смелость. Конечно, ведь они там во время своих рейсов каждый день наскакивают на айсберги, или встречают огромных китов и белых медведей, или спасают людей с терпящих бедствие кораблей. Ясно, что тут надо проявлять смелость, иначе сам пропадёшь со всеми матросами вместе и корабль погубишь. А если такой корабль, как атомный ледокол «Ленин», погубить, жалко небось, да? А вообще-то говоря, капитаны дальнего плавания необязательно ездят только на Север, есть такие, которые в Африке бывают, и у них на корабле живут обезьянки и мангусты, которые уничтожают змей, я про это читал в книжке. Вот мой капитан дальнего плавания — он в позапрошлом году приехал из Сингапура. Удивительное слово какое: «Сингапур»... Я обязательно попрошу своего дядю рассказать мне про Сингапур: какие там люди, какие там дети, какие лодки и паруса... Обязательно попрошу рассказать. И я так долго думал и незаметно уснул...

А в середине ночи я проснулся от страшного рычания. Это, наверно, какая-то собака забралась в комнату, учуяла, что я здесь сплю, и это ей понравилось. Она рычала страшным образом, откуда-то из-под ширмы, и мне казалось, что я в темноте вижу её наморщенный нос и оскаленные белые зубы. Я хотел позвать папу, но вспомнил, что он спит далеко, на террасе, и я подумал, что я никогда ещё не боялся собак, так что и теперь тоже нечего трусить. Всё-таки мне уже скоро восемь.

Я крикнул:

— Тубо! Спать!

И собака сразу заплямкала губами, как будто поперхнулась, и замолчала.

Я лежал в темноте с открытыми глазами. В окошко ничего не было видно, только чуть виднелась одна ветка. Она была похожа на верблюда, как будто он стоит на задних лапах и служит. Я поставил одеяло козырьком перед глазами, чтобы не видеть верблюда, и стал повторять таблицу умножения на семь, от этого я всегда быстро засыпаю. И верно: не успел я дойти до семью семь — сорок семь, как у меня в голове всё закачалось, и я почти уснул, но в это время в углу за ширмой собака, которая, наверно, тоже не спала, опять зарычала. Да как! В сто раз страшнее, чем в первый раз. У меня даже внутри что-то ёкнуло. Но я всё-таки закричал на неё:

— Тубо! Лежать! Спать сейчас же!..

Она опять чуточку притихла. А я вспомнил, что моя дорожная корзинка стоит у меня в ногах и что там, кроме моих вещей, лежит ещё пакет с едой, который мама положила мне на дорогу. И я подумал, что если эту собаку немножко прикормить, то она, может быть, подобреет и перестанет на меня ры-

чать. И я сел, стал рыться в корзинке, и хотя в темноте трудно было разобраться, но я всё-таки вытащил оттуда котлету и два яйца — мне как раз не было их жалко, потому что они были сварены всмятку. И как только собака опять зарычала, я кинул ей за ширму одно за другим оба яйца:

— Тубо! Есть! И сразу спать!..

Она сначала помолчала, а потом зарычала так свирепо, что я понял: она тоже не любит яйца всмятку. Тогда я метнул в неё котлету. Было слышно, как котлета шлёпнулась об неё, собака гамкнула и перестала рычать.

Я сказал:

— Ну вот. А теперь — спать! Сейчас же!

Собака уже не рычала, а только сопела. Я укрылся поплотнее и уснул...

Утром я вскочил от яркого солнца и побежал в одних трусиках на террасу. Папа, Алексей Михайлович и тётя Мила сидели за столом. На столе была белая скатерть и полная тарелка красной редиски, и это было очень красиво, и все были такие умытые, свежие, что мне сразу стало весело, и я побежал во двор умываться. Умывальник висел с другой стороны дома, где не было солнца, там было холодно, и кора у дерева была прохладная, и из умывальника лилась студёная вода, она была голубого цвета, и я там долго плескался, и совсем озяб, и побежал завтракать. Я сел за стол и стал хрустеть редиской, и заедать её чёрным хлебом, и солить, и славно мне было — так и хрустел бы целый день. Но потом я вдруг вспомнил самое главное!

Я сказал:

— А где же капитан дальнего плавания?! Неужели вы меня обманули?

Тётя Мила рассмеялась, а Алексей Михайлович сказал:

— Эх, ты! Всю ночь проспал с ним рядом и не заметил... Ну ладно, сейчас я его приведу, а то он проспит весь день. Устал с дороги.

Но в это время на террасу вышел высоченный человек с красным лицом и зелёными глазами. Он был в пижаме. Никакой бороды на нём не было. Он подошёл к столу и сказал ужасным басом:

— Доброе утро! А это кто? Неужели Денис?

У него было столько голоса, что я даже удивился, где он у него помещается.

Папа сказал:

— Да, эти сто грамм веснушек — вот это и есть Денис, только и всего. Познакомьтесь. Денис, вот твой долгожданный капитан!

Я сразу встал. Капитан сказал:

— Здорово!

И протянул мне руку. Я пожал её. Она была твёрдая, как доска. Капитан был очень симпатичный. Но уж очень страшный был у него голос. И потом, где же кортик? Пижама какая-то. Ну а трубка где? Всё равно уж — прямая или кривая, ну хоть какая-нибудь! Не было никакой... Я сел за стол.

— Как спал, Харитоша? — спросила тётя Мила.

— Плохо! — сказал капитан. — Не знаю, в чем дело. Всю ночь на меня кто-то кричал. Только, понимаете ли, начну засыпать, как кто-то кричит: «Спать! Спать сейчас же!» А я от этого только просыпаюсь! Потом усталость берёт своё, всё-таки пять дней в пути, глаза слипаются, я опять начинаю дремать, проваливаюсь, понимаете ли, в сон, опять крик: «Спать! Лежать!» А в завершение всей этой чертовщины на меня стали падать откуда-то разные продукты — яйца, что ли... По-моему, я во сне чувствовал запах котлет. И ещё всё мне сквозь сон слышатся какие-то непонятные слова: не то «куш!», не то «апорт!»...

— «Тубо!» — сказал я. — «Тубо», а не «апорт»! Потому что я думал — там собака... Кто-то так рычал!

Капитан сказал своим басом:

— Я не рычал. Я, наверно, храпел?..

Это было ужасно. Я понял, что он никогда не подружится со мной. Я встал и вытянул руки по швам. Я сказал:

— Товарищ капитан! Было очень похоже на рычание. И я, наверно, немножко испугался.

Капитан сказал:

— Вольно. Садись.

Я сел за стол и почувствовал, что у меня в глазах как будто песку насыпало, колет, и я не могу смотреть на капитана. Мы все долго молчали.

Потом он сказал:

— Имей в виду, я совершенно не сержусь.

Но я всё-таки не мог на него посмотреть.

Тогда он сказал:

— Клянусь своим именным кортиком.

Он сказал это таким весёлым голосом, что у меня сразу словно камень упал с души.

Я подошёл к капитану и сказал:

— Дядя, расскажите мне про Сингапур.

ДЕВОЧКА НА ШАРЕ

Один раз мы всем классом пошли в цирк. Я очень радовался, когда шёл туда, потому что мне уже скоро восемь лет, а я был в цирке только один раз, и то очень давно. Главное, Алёнке всего только шесть лет, а вот она уже успела побывать в цирке целых три раза. Это очень обидно. И вот теперь мы всем классом пришли в цирк, и я думал, как хорошо, что я уже большой и сейчас, в этот раз, всё увижу как следует. А в тот раз я был маленький, я не понимал, что такое цирк. В тот раз, когда на арену вышли акробаты и один полез на голову другому, я ужасно расхохотался, потому что подумал, что это они так нарочно делают, для смеху, ведь дома я никогда не видел, чтобы взрослые дядьки карабкались друг на друга. И на улице тоже этого не случалось. Вот я и рассмеялся во весь голос. Я не понимал, что это артисты показывают свою ловкость. И ещё в тот раз я всё больше смотрел на оркестр, как они играют — кто на барабане, кто на трубе, — и дирижёр машет палочкой, и никто на него не смотрит, а все играют как хотят. Это мне очень понравилось, но, пока я смотрел на этих музыкантов, в середине арены выступали артисты. И я их не видел и пропускал самое интересное. Конечно, я в тот раз ещё совсем глупый был.

И вот мы пришли всем классом в цирк. Мне сразу понравилось, что он пахнет чем-то особенным и что на стенах висят яркие картины, и кругом светло, и в середине лежит красивый ковёр, а потолок высокий, и там привязаны разные блестящие качели. И в это время заиграла музыка и все кинулись рассаживаться, а потом накупили эскимо и стали есть. И вдруг из-за красной занавески вышел целый отряд каких-то людей, одетых очень красиво — в красные костюмы с жёлтыми полосками. Они встали по бокам занавески, и между ними прошёл их начальник в чёрном костюме. Он громко и немножко непонятно что-то прокричал, и музыка заиграла быстро-быстро и громко, и на арену выскочил артист-жонглёр, и началась потеха! Он кидал шарики, по десять или по сто штук, вверх

и ловил их обратно. А потом схватил полосатый мяч и стал им играть. Он и головой его подшибал, и затылком, и лбом, и по спине катал, и каблуком наподдавал, и мяч катался по всему его телу, как примагниченный. Это было очень красиво. И вдруг жонглёр кинул этот мячик к нам, в публику, и тут же началась настоящая суматоха, потому что я поймал этот мяч и бросил его в Валерку, а Валерка — в Мишку, а Мишка вдруг нацелился и ни с того ни с сего засветил прямо в дирижёра, но в него не попал, а попал в барабан! Бамм! Барабанщик рассердился и кинул мяч обратно жонглёру, но мяч не долетел, он просто угодил одной красивой тётеньке в причёску, и у неё получилась не прическа, а нахлобучка. И мы все так хохотали, что чуть не померли.

И когда жонглёр убежал за занавеску, мы долго не могли успокоиться. Но тут на арену выкатили огромный голубой шар, и дядька, который объявляет, вышел на середину и что-то прокричал неразборчивым голосом. Понять нельзя было ничего, и оркестр опять заиграл что-то очень весёлое, только не так быстро, как раньше.

И вдруг на арену выбежала маленькая девочка. Я таких маленьких и красивых никогда не видел. У неё были синие-синие глаза, и вокруг них были длинные ресницы. Она была в серебряном платье с воздушным плащом, и у неё были длинные руки, она ими взмахнула, как птица, и вскочила на этот огромный голубой шар, который для неё выкатили. Она стояла на шаре. И потом вдруг побежала, как будто захотела спрыгнуть с него, но шар завертелся под её ногами, и она на нём вот так, как будто бежала, а на самом деле ехала вокруг арены. Я таких девочек никогда не видел. Все они были обыкновенные, а эта какая-то особенная. Она бегала по шару своими маленькими ножками, как по ровному полу, и голубой шар вёз её на себе, она могла ехать на нём и прямо, и назад, и налево, и куда хочешь! Она весело смеялась, когда так бегала, как будто плыла, и я подумал, что она, наверно, и есть Дюймовочка, такая она

И вдруг на арену выбежала маленькая девочка.

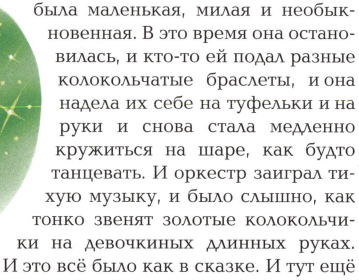была маленькая, милая и необыкновенная. В это время она остановилась, и кто-то ей подал разные колокольчатые браслеты, и она надела их себе на туфельки и на руки и снова стала медленно кружиться на шаре, как будто танцевать. И оркестр заиграл тихую музыку, и было слышно, как тонко звенят золотые колокольчики на девочкиных длинных руках. И это всё было как в сказке. И тут ещё потушили свет, и оказалось, что девочка вдобавок умеет светиться в темноте, и она медленно плыла по кругу, и светилась, и звенела, и это было удивительно — я за всю свою жизнь не видел ничего такого подобного.

И когда зажгли свет, все захлопали и завопили «браво», и я тоже кричал «браво». А девочка соскочила со своего шара и подбежала вперёд, к нам поближе, и вдруг на бегу перевернулась через голову как молния, и ещё, и ещё раз, и всё вперёд и вперёд. И мне показалось, что вот она сейчас разобьётся о барьер, и я вдруг очень испугался, и вскочил на ноги, и хотел побежать к ней, чтобы подхватить её и спасти, но девочка вдруг остановилась как вкопанная, раскинула свои длинные руки, оркестр замолк, и она стояла и улыбалась. И все захлопали изо всех сил и даже застучали ногами. И в эту минуту эта девочка посмотрела на меня, и я увидел, что она увидела, что я её вижу и что я тоже вижу, что она видит меня, и она помахала мне рукой и улыбнулась. Она мне одному помахала и улыбнулась. И я опять захотел побежать к ней, и я протянул к ней руки. И она вдруг послала нам всем воздушный поцелуй и убежала за красную занавеску, куда убегали все артисты. И на арену вышел клоун со своим петухом и начал чихать и падать, но мне было не до него. Я всё время думал про девочку на шаре, какая она удивительная и как она помахала мне рукой и улыбнулась, и больше уже ни на что не хотел смотреть. Наоборот, я крепко зажмурил глаза, чтобы не видеть этого глупого клоуна с его красным носом, потому что он мне портил мою девочку, она всё ещё мне представлялась на своем голубом шаре.

А потом объявили антракт, и все побежали в буфет пить ситро, а я тихонько спустился вниз и подошёл к занавеске, откуда выходили артисты. Мне хотелось ещё раз посмотреть на эту девочку, и я стоял у занавески и глядел — вдруг она выйдет. Но она не выходила.

А после антракта выступали львы, и мне не понравилось, что укротитель всё время таскал их за хвосты, как будто это были не львы, а дохлые кошки. Он заставлял их пересаживаться с места на место или укладывал их на пол рядком и ходил по львам ногами, как по ковру, а у них был такой вид, что вот им не дают полежать спокойно. Это было неинтересно, потому что лев должен охотиться и гнаться за бизоном в бескрайних пампасах, оглашая окрестности грозным рычанием, приводящим в трепет туземное население, а так получается не лев, а просто я сам не знаю что.

И когда кончилось и мы пошли домой, я всё время думал про девочку на шаре.

А вечером папа спросил:

— Ну как? Понравилось в цирке?

Я сказал:

— Папа! Там в цирке есть девочка. Она танцует на голубом шаре. Такая славная, лучше всех! Она мне улыбнулась и махнула рукой! Мне одному, честное слово! Понимаешь, папа? Пойдём в следующее воскресенье в цирк! Я тебе её покажу!

Папа сказал:

— Обязательно пойдём. Обожаю цирк!

А мама посмотрела на нас обоих так, как будто увидела в первый раз.

...И началась длиннющая неделя, и я ел, учился, вставал и ложился спать, играл и даже дрался, и всё равно каждый день думал, когда же придёт воскресенье и мы с папой пойдём в цирк, и я снова увижу девочку на шаре, и покажу её папе, и, может быть, папа пригласит её к нам в гости, и я подарю ей пистолет «браунинг» и нарисую корабль на всех парусах.

Но в воскресенье папа не смог идти. К нему пришли товарищи, они копались в каких-то чертежах, и кричали, и курили, и пили чай, и сидели допоздна, и после них у мамы разболелась голова. И папа сказал мне, когда мы убирались:

— В следующее воскресенье, даю клятву Верности и Чести.

И я так ждал следующего воскресенья, что даже не помню, как прожил ещё одну неделю. И папа сдержал своё слово, он пошёл со мной в цирк и купил билеты во второй ряд, и я радовался, что мы так близко сидим, и представление началось, и я начал ждать, когда появится девочка на шаре. Но человек, который объявляет, всё время объявлял разных других артистов, и они выходили и выступали по-всякому, но девочка всё не появлялась. А я прямо дрожал от нетерпения, мне очень хотелось, чтобы папа увидел, какая она необыкновенная в своём серебряном костюме с воздушным плащом и как она ловко

бегает по голубому шару. И каждый раз, когда выходил объявляющий, я шептал папе:

— Сейчас он объявит её!

Но он, как назло, объявлял кого-нибудь другого, и у меня даже ненависть к нему появилась, и я всё время говорил папе:

— Да ну его! Это ерунда на постном масле! Это не то!

А папа говорил, не глядя на меня:

— Не мешай. Это очень интересно! Самое то!

Я подумал, что папа, видно, плохо разбирается в цирке, раз это ему интересно. Посмотрим, что он запоёт, когда увидит девочку на шаре. Небось подскочит на своём стуле на два метра в высоту.

Но тут вышел объявляющий и своим глухонемым голосом крикнул:

Ант-рра-кт!

Я просто ушам своим не поверил! Антракт? А почему? Ведь во втором отделении будут только львы! А где же моя девочка на шаре? Где она? Почему она не выступает? Может быть, она заболела? Может быть, она упала и у неё сотрясение мозга?

Я сказал:

— Папа, пойдём скорей узнаем, где же девочка на шаре!

Папа ответил:

— Да, да! А где же твоя эквилибристка? Что-то не видать! Пойдем-ка купим программку!..

Он был весёлый и довольный. Он оглянулся вокруг, засмеялся и сказал:

— Ах, люблю... Люблю я цирк! Самый запах этот... Голову кружит...

И мы пошли в коридор. Там толклось много народу, и продавались конфеты и вафли, и на стенах висели фотографии разных тигриных морд, и мы побродили немного и нашли наконец контролёршу с программками. Папа купил у неё одну и стал просматривать. А я не выдержал и спросил у контролёрши:

— Скажите, пожалуйста, а когда будет выступать девочка на шаре?

Она сказала:

— Какая девочка?

Папа сказал:

— В программе указана эквилибристка на шаре Т. Воронцова. Где она?

Я стоял и молчал.

Контролёрша сказала:

— Ах, вы про Танечку Воронцову? Уехала она. Уехала. Что ж вы поздно хватились?

Я стоял и молчал.

Папа сказал:

— Мы уже две недели не знаем покоя. Хотим посмотреть эквилибристку Т. Воронцову, а её нет.

Контролёрша сказала:

— Да она уехала... Вместе с родителями... Родители у неё «Бронзовые люди»-2 Яворс. Может, слыхали? Очень жаль... Вчера только уехали.

Я сказал:

— Вот видишь, папа...

Он сказал:

— Я не знал, что она уедет. Как жалко... Ох ты, боже мой!.. Ну что ж... Ничего не поделаешь...

Я спросил у контролёрши:

— Это, значит, точно?

Она сказала:

— Точно.

Я сказал:

— А куда, неизвестно?

Она сказала:

— Во Владивосток.

Вон куда. Далеко. Владивосток. Я знаю, он помещается в самом конце карты, от Москвы направо.

Я сказал:

— Какая даль.

Контролёрша вдруг заторопилась:

— Ну идите, идите на места, уже гасят свет!

Папа подхватил:

— Пошли, Дениска! Сейчас будут львы! Косматые, рычат — ужас! Бежим смотреть!

Я сказал:

— Пойдём домой, папа.

Он сказал:

— Вот так раз...

Контролёрша засмеялась. Но мы подошли к гардеробу, и я протянул номер, и мы оделись и вышли из цирка. Мы пошли по бульвару и шли так довольно долго, потом я сказал:

— Владивосток — это на самом конце карты. Туда, если поездом, целый месяц проедешь...

Папа молчал. Ему, видно, было не до меня. Мы прошли ещё немного, и я вдруг вспомнил про самолёты и сказал:

— А на «Ту-104» за три часа — и там!

Но папа всё равно не ответил. Он молча шагал и крепко держал меня за руку. Когда мы вышли на улицу Горького, он сказал:

— Зайдём в кафе «Мороженое». Смутузим по две порции, а?

Я сказал:

— Не хочется что-то, папа.

Он сказал:

— Там подают воду, называется «Кахетинская». Нигде в мире не пил лучшей воды.

Я сказал:

— Не хочется, папа.

Он не стал меня уговаривать. Он прибавил шагу и крепко сжал мою руку. Мне стало даже больно. Он шёл очень быстро, и я еле-еле поспевал за ним. Отчего он шёл так быстро? Почему он не разговаривал со мной? Мне захотелось на него взглянуть. Я поднял голову. У него было очень серьёзное и грустное лицо.

ЧИКИ-БРЫК

Я недавно чуть не помер. Со смеху. А всё из-за Мишки.

Один раз папа сказал:

— Завтра, Дениска, поедем пастись на травку. Завтра и мама свободна, и я тоже. Кого с собой захватим?

Я говорю:

— Известное дело кого — Мишку.

Мама сказала:

— А его отпустят?

— Если с нами, то отпустят, почему же? — сказал я. — Давайте я его приглашу.

И я сбегал к Мишке и, когда вошел к ним, сказал: «Здрасте!» Его мама мне не ответила, а сказала его папе:

— Видишь, какой воспитанный, не то что наш...

А я им всё объяснил, что мы Мишку приглашаем завтра погулять за городом, и они сейчас же ему разрешили, и на следующее утро мы поехали.

В электричке очень интересно ездить, очень! Во-первых, ручки на скамейках блестят. Во-вторых, тормозные краны —

красные, висят прямо перед глазами. И сколько ни ехать, всегда хочется дёрнуть такой кран или хоть погладить его рукой. А самое главное — можно в окошко смотреть, там специальная приступочка есть. Если кто не достаёт, можно на эту приступочку встать и высунуться. Мы с Мишкой сразу заняли окошко, одно на двоих, и было здорово интересно смотреть, что вокруг лежит совершенно новенькая трава и на заборах висит разноцветное белишко, красивое, как флажки на кораблях.

Но папа и мама не давали нам никакого житья. Они поминутно дёргали нас сзади за штаны и кричали:

— Не высовывайтесь, вам говорят! А то вывалитесь!

Но мы всё высовывались. И тогда папа пустился на хитрость. Он, видно, решил во что бы то ни стало отвлечь нас от окошка. Поэтому он скорчил смешную гримасу и сказал нарочным, цирковым голосом:

— Эй, ребятня! Занимайте ваши места! Представление начинается!

И мы с Мишкой сразу отскочили от окна и уселись рядом на скамейке, потому что мой папа известный шутник, и мы поняли, что сейчас будет что-то интересное. И все пассажиры, кто был в вагоне, тоже повернули головы и стали смотреть на папу. А он как ни в чем не бывало продолжал своё:

— Уважаемые зрители! Сейчас перед вами выступит непобедимый мастер Чёрной магии, Сомнамбулизма и Каталепсии!!! Всемирно известный фокусник-иллюзионист, любимец Австралии и Малаховки, пожиратель шпаг, консервных банок и перегоревших электроламп, профессор Эдуард Кондратьевич Кио-Сио! Оркестр — музыку! Тра-би-бо-бум-ля-ля! Тра-би-бо-бум-ля-ля!

Все уставились на папу, а он встал перед нами с Мишкой и сказал:

— Нумер смертельного риска! Отрыванье живого указательного пальца на глазах у публики! Нервных просят не падать на пол, а выйти из зала. Внимание!

И тут папа сложил руки как-то так, что нам с Мишкой показалось, будто он держит себя правой рукой за левый указательный палец. Потом папа весь напрягся, покраснел, сделал ужасное лицо, словно он умирает от боли, и вдруг он разозлился, собрался с духом и... оторвал сам себе палец! Вот это да!.. Мы сами видели... Крови не было. Но и пальца не было! Было гладкое место. Даю слово!

Папа сказал:

— Вуаля!

Я даже не знаю, что это значит. Но всё равно я захлопал в ладоши, а Мишка закричал «бис». Тогда папа взмахнул обеими руками, полез к себе за шиворот и сказал:

— Алеоп! Чики-брык!

И приставил палец обратно! Да, да! У него откуда-то вырос новый палец на старом месте! Совсем такой же, не отличишь от прежнего, даже чернильное пятно, и то такое же, как было!

Я-то, конечно, понимал, что это какой-то фокус и что я во что бы то ни стало вызнаю у папы, как он делается, но Мишка совершенно ничего не понимал. Он сказал:

— А как это?

А папа только улыбнулся:

— Много будешь знать — скоро состаришься!

Тогда Мишка сказал жалобно:

— Пожалуйста, повторите ещё разок! «Чики-брык!»

И папа опять всё повторил, оторвал палец и приставил, и пять было сплошное удивление. Затем папа поклонился, и мы подумали, что представление окончилось, но оказалось, ничего подобного. Папа продолжал.

— Ввиду многочисленных заявок, — сказал он, — представление продолжится! Сейчас будет показано втирание звонкой монеты в локоть факира! Маэстро, три-бо-би-бум-ля-ля!

И папа вынул монетку, положил её себе на локоть и стал тереть этой монеткой о свой пиджак. Но она никуда не втира-

Занимайте ваши места! Представление начинается!

лась, а всё время падала, и тогда я стал насмехаться над папой. Я сказал:

— Эх, эх! Ну и факир! Прямо горе, а не факир!

И все вокруг рассмеялись, а папа сильно покраснел и закричал:

— Эй, ты, гривенник! Втирайся сейчас же! А то я тебя сейчас отдам вон тому дядьке за мороженое! Будешь знать!

И гривенник как будто испугался папы и моментально втёрся в локоть. И исчез.

— Что, Дениска, съел? — сказал папа. — Кто тут кричал, что я горе-факир? А теперь смотри: феерия-пантомима! Вытаскивание разменной монеты из носа прекрасного мальчика Мишки! Чики-брык!

И папа вытащил монету из Мишкиного носа. Ну, товарищи, я и не знал, что мой папа такой молодец! А Мишка прямо засиял от гордости, что это вот именно из его носа вытащили монету. Он весь рассиялся от удовольствия и снова закричал папе во всё горло:

— Пожалуйста, повторите ещё разик «чики-брык»!

И папа опять всё ему повторил, а потом мама сказала:

— Антракт! Переходим в буфет.

И она дала нам по бутерброду с колбасой. И мы с Мишкой вцепились в эти бутерброды, и ели, и болтали ногами, и смотрели по сторонам, а вдруг Мишка ни с того ни с сего заявляет:

— А я знаю, на что похожа ваша шляпа.

Мама говорит:

— Ну-ка скажи, на что?

А Мишка:

— На космонавтский шлем.

Папа сказал:

— Точно. Ай да Мишка, верно подметил! И правда, эта шляпка похожа на космонавтский шлем. Ничего не поделаешь, мода старается не отставать от современности. Ну-ка, Мишка, иди-ка сюда!

И папа взял мамину новую шляпку и нахлобучил Мишке на голову.

— Настоящий Попович! — сказала мама.

А Мишка действительно получился как маленький космонавтик. Он сидел такой важный и смешной, что все, кто проходил мимо, смотрели на него и улыбались.

И папа улыбался, и мама, и я тоже улыбался, что Мишка такой симпатяга. Потом нам купили по мороженому, и мы стали его кусать и лизать, и Мишка быстрей меня справился и пошёл снова к окошку. Он схватился за рамку, встал на приступочку и высунулся наружу.

Наша электричка бежала быстро и ровно, за окном пролетала природа, и Мишке, видать, хорошо там было торчать в окошке, с космонавтским шлемом на голове, и больше ничего на свете ему не нужно было, так он был доволен. И я захотел стать с ним рядом, но в это время мама подтолкнула меня локтем и показала глазами на папу.

А папа тихонько встал и пошёл на цыпочках в другое отделение, там тоже окошко было открыто, и никто в него не глядел. У папы был очень таинственный вид, и все кругом притихли и стали следить за папой. А он неслышными шагами пробрался к этому окошку, высунул голову и тоже стал смотреть вперёд, по ходу поезда, туда же, куда смотрел и Мишка. Потом папа медленно-медленно высунул правую руку, осторожно дотянулся до Мишки и вдруг с быстротой молнии сорвал с него мамину шляпку! Папа тут же отпрыгнул от окошка и спрятал шляпку за спину, он там её заткнул за пояс. Я всё это очень хорошо видел, потому что я видел папу со спины. Но Мишка-то этого не видел! Он схватился за голову, не нашёл там маминой шляпки, испугался, отскочил от окна и с каким-то ужасом остановился перед мамой. А мама воскликнула:

— В чём дело? Что случилось, Миша? Где моя новая шляпка? Неужели её сорвало ветром? Ведь я говорила тебе: не высовывайся. Чуяло мое сердце, что я останусь без шляпки! Как же мне теперь быть?

И мама закрыла лицо руками и задёргала плечами, как будто она горько плачет. На бедного Мишку просто жалко было смотреть, он лепетал прерывающимся голосом:

— Не плачьте... пожалуйста. Я вам куплю новую шляпку... У меня деньги есть... Сорок семь копеек. Я на марки собирал...

У него задрожали губы, и папа, конечно, не мог этого перенести. Он сейчас же состроил свою смешную рожицу и закричал цирковым голосом:

— Граждане, внимание! Не плачьте и успокойтесь! Ваше счастье, что вы знакомы со знаменитым волшебником Эдуардом Кондратьевичем Кио-Сио! Сейчас будет показан грандиозный трюк: «Возврат шляпы, выпавшей из окна голубого экспресса». Приготовились! Внимание! Чики-брык!

И у папы в руках оказалась мамина шляпка. Даже я — и то не заметил, как проворно папа вытащил её из-за спины. Все прямо ахнули! А Мишка сразу посветлел от счастья. Глаза у него от удивления растаращились и полезли на лоб. Он был в таком восторге, что просто обалдел. Он быстро подошёл к папе, взял у него шляпку, побежал обратно и что есть силы по-настоящему швырнул её за окно. Потом он повернулся и сказал моему папе:

— Пожалуйста, повторите ещё разик... «чики-брык»!

Вот тут-то и получилось, что я чуть не помер со смеху.

НЕ ХУЖЕ ВАС, ЦИРКОВЫХ

Я теперь часто бываю в цирке. У меня там завелись знакомые и даже друзья. И меня пускают бесплатно, когда мне только вздумается. Потому что я сам теперь стал как будто цирковой артист. Из-за одного мальчишки. Это всё не так давно случилось. Я шёл домой из магазина — мы теперь на новой квартире живём, недалеко от цирка, там же и магазин большой на углу. И вот я иду из магазина и несу бумажную сумочку, а в ней лежат помидоров полтора кило и триста граммов сметаны в картонном стаканчике. И вдруг навстречу идёт тётя Дуся, из старого дома, добрая, она в прошлом году нам с Мишкой билет в клуб подарила. Я очень обрадовался, и она тоже. Она говорит:

— Это ты откуда?

Я говорю:

— Из магазина. Помидоров купил! Здрасте, тётя Дуся!

А она руками всплеснула:

— Сам ходишь в магазин? Уже? Время-то как летит!

Удивляется. Человеку девятый год, а она удивляется.

Я сказал:

— Ну, до свиданья, тётя Дуся.

И пошел. А она вдогонку кричит:

— Стой! Куда пошёл? Я тебя сейчас в цирк пропущу, на дневное представление. Хочешь?

Еще спрашивает. Чудная какая-то. Я говорю:

— Конечно, хочу! Какой может быть разговор!..

И вот она взяла меня за руку, и мы взошли по широким ступенькам, и тётя Дуся подошла к контролёру и говорит:

— Вот, Мария Николаевна, привела вам своего мужичка, пусть посмотрит. Ничего?

И та улыбнулась и пропустила меня внутрь, и я вошёл, а тётя Дуся и Марья Николаевна пошли сзади. И я шёл в полутьме, и опять мне очень понравился цирковой запах, он особенный какой-то, и, как только я его почуял, мне сразу стало и жутко отчего-то, и весело ни от чего. Где-то играла музыка, и я спешил туда, на её звуки, и сразу вспомнил девочку на шаре, которую видел здесь так недавно, девочку на шаре, с серебряным плащом и длинными руками, она уехала далеко, и я не знаю, увижу ли я её когда-нибудь, и странно стало у меня на душе, не знаю, как объяснить... И тут мы наконец дошли до бокового входа, и меня протолкнули вперёд, и Марья Николаевна шепнула:

— Садись! Вон в первом ряду свободное местечко, садись...

И я быстро уселся. Со мной рядом сидел тоже мальчишка величиной с меня, в таком же, как и я, школьном костюме, нос курносый, глаза блестят. Он на меня посмотрел довольно

сердито, что я вот опоздал и теперь мешаю, и всё такое, но я не стал обращать на него никакого внимания. Я сразу же вцепился всеми глазами в артиста, который в это время выступал. Он стоял, в огромной чалме, посреди арены, и в руках у него была игла величиной с полметра. Вместо нитки в неё была вдета узкая и длинная шёлковая лента. А рядом с этим артистом стояли две девушки и никого не трогали. И вдруг он ни с того ни с сего подошёл к одной из них и — раз! — своей длинной иглой прошил ей живот насквозь, иголка выскочила у неё из спины! Я думал, она сейчас завизжит как зарезанная, но нет, она стоит себе спокойно и улыбается, прямо глазам своим не веришь. Тут артист совсем разошёлся — чик! — и вторую насквозь! И эта тоже не орёт, а только хлопает глазами. И так они обе стоят насквозь прошитые, между ними нитки, и улыбаются себе как ни в чём не бывало. Ну, милые мои, вот это да!

Я говорю:

— Что же они не орут? Неужели терпят?

А мальчишка, что рядом сидит, отвечает:

— А чего им орать? Им не больно!

Я говорю:

— Тебе бы так! Воображаю, как ты завопил бы...

А он засмеялся, как будто он старше меня намного, потом говорит:

— А я сперва подумал, что ты цирковой. Тебя ведь тетя Маша посадила... А ты, оказывается, не цирковой... не наш.

Я говорю:

— Это всё равно, какой я — цирковой или не цирковой. Я государственный, понял? А что такое цирковой — не такой, что ли?

Он сказал, улыбаясь:

— Да нет, цирковые — они особенные...

Я рассердился:

— У них что, три ноги, что ли?

А он:

— Три не три, но всё-таки они и половчее других, куда там, и посильнее, и посмекалистее.

Я совсем разозлился и сказал:

— Давай не задавайся! Тут не хуже тебя! Ты, что ли, цирковой?

А он опустил глаза:

— Нет, я мамочкин...

И улыбнулся самым краешком рта, хитро-прехитро. Но я этого не понял, это я теперь понимаю, что он хитрил, а тогда я громко над ним рассмеялся, и он глянул на меня быстрым своим глазом:

— Смотри представление-то!.. Наездница!..

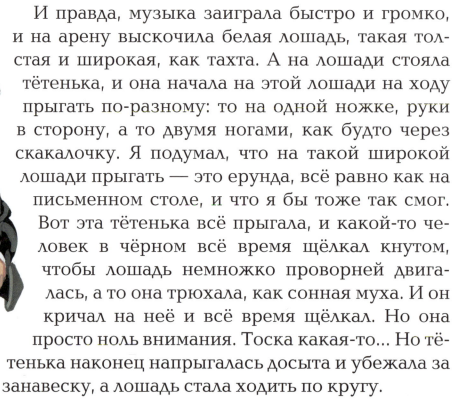

И правда, музыка заиграла быстро и громко, и на арену выскочила белая лошадь, такая толстая и широкая, как тахта. А на лошади стояла тётенька, и она начала на этой лошади на ходу прыгать по-разному: то на одной ножке, руки в сторону, а то двумя ногами, как будто через скакалочку. Я подумал, что на такой широкой лошади прыгать — это ерунда, всё равно как на письменном столе, и что я бы тоже так смог. Вот эта тётенька всё прыгала, и какой-то человек в чёрном всё время щёлкал кнутом, чтобы лошадь немножко проворней двигалась, а то она трюхала, как сонная муха. И он кричал на неё и всё время щёлкал. Но она просто ноль внимания. Тоска какая-то... Но тётенька наконец напрыгалась досыта и убежала за занавеску, а лошадь стала ходить по кругу.

И тут вышел Карандаш. Мальчишка, что сидел рядом, опять быстро глянул на меня, потом отвёл глаза и равнодушно так говорит:

— Ты этот номер когда-нибудь видел?

— Нет, в первый раз, — говорю я.

Он говорит:

— Тогда садись на моё место. Тебе ещё лучше будет видно отсюда. Садись. Я уже видел.

Он засмеялся.

Я говорю:

— Ты чего?

А он:

— Так, — говорит, — ничего. Карандаш сейчас чудить начнёт, умора! Давай пересаживайся.

Ну, раз он такой добрый, чего ж. Я пересел. А он сел на моё, там правда было хуже, столбик какой-то мешал. И вот Карандаш начал чудить. Он сказал дядьке с кнутом:

— Александр Борисович! Можно мне на этой лошадке покататься?

А тот:

— Пожалуйста, сделайте одолжение!

И Карандаш стал карабкаться на эту лошадь. Он и так старался, и этак, всё задирал на неё свою коротенькую ногу, и всё соскальзывал, и падал — очень эта лошадь была толстенная. Тогда он сказал:

— Подсадите меня на этого коняшку.

И сейчас же подошёл помощник и наклонился, и Карандаш встал ему на спину, и сел на лошадь, и оказался задом наперёд.

Он сидел спиной к лошадиной голове, а лицом к хвосту. Смех, да и только, все прямо покатились! А дядька с кнутом ему говорит:

— Карандаш! Вы неправильно сидите.

А Карандаш:

— Как это неправильно? А вы почём знаете, в какую сторону мне ехать надо?

Тогда дядька потрепал лошадь по голове и говорит:

— Да ведь голова-то вот!

А Карандаш взял лошадиный хвост и отвечает:

— А борода-то вот!

И тут ему пристегнули за пояс верёвку, она была пропущена через какое-то колёсико под самым куполом цирка, а другой её конец взял в руки дядька с кнутом. Он закричал:

— Маэстро, галоп! Алле!

Оркестр грянул, и лошадь поскакала. А Карандаш на ней затрясся, как курица на заборе, и стал сползать то в одну, то в другую сторону, и вдруг лошадь стала из-под него выезжать, он завопил на весь цирк:

— Ай, батюшки, лошадь кончается!

И она, верно, из-под него выехала и протопала за занавеску, и Карандаш, наверно, разбился бы насмерть, но дядька с кнутом подтянул верёвку, и Карандаш повис в воздухе. Мы все задыхались от смеха, и я хотел сказать мальчишке, что сейчас лопну, но его рядом со мной не было. Ушёл куда-то. А Карандаш в это время стал делать руками, как будто он плавает в воздухе, а потом его опустили, и он снизился, но, как только коснулся земли, разбежался и снова взлетел. Получилось как на гигантских шагах, и все хохотали до упаду и с ума

сходили от смеха. А он так летал и летал, и вот с него чуть не соскочили брюки, и я уже думал, что сейчас задохнусь от хохота, но в это время он опять приземлился и вдруг посмотрел на меня и весело мне подмигнул. Да! Он мне подмигнул, лично. А я взял и тоже ему подмигнул. А что тут такого? Вот, думаю, чертёнок какой симпатичный, подмигивает! И тут совершенно неожиданно он подмигнул мне ещё раз, потёр ладони и вдруг разбежался изо всех сил прямо на меня и обхватил меня двумя руками, а дядька с кнутом моментально натянул верёвку, и мы полетели с Карандашом вверх! Оба! Он захватил мою голову под мышку и держал поперёк живота, очень крепко, потому что мы оказались довольно-таки высоко. Внизу не было людей, а сплошные белые полосы и чёрные полосы, потому что мы быстро вертелись, и было немножко даже щекотно во рту. И когда мы пролетали над оркестром, я испугался, что стукнусь о контрабас, и закричал:

— Мама!

И снизу до меня долетел какой-то гром. Это все смеялись. А Карандаш сразу меня передразнил и тоже крикнул со слезами в голосе:

— Мя-мя!

Снизу слышался грохот и шум, и мы так плавно ещё немножко полетали, и я уже стал было привыкать, но тут неожиданно у меня прорвался мой пакет, и оттуда стали вылетать мои помидоры, они вылетали как гранаты, в разные стороны, полтора кило помидоров. И, наверно, попадали в людей, потому что снизу нёсся такой шум, что передать нельзя. А я всё время думал, что теперь не хватало только, чтобы вылетела ещё и сметана — триста граммов. Вот тогда-то мне влетит от мамы, будь здоров! А Карандаш вдруг завертелся волчком, и я вместе с ним, и вот этого как раз не нужно было делать, потому что я опять испугался и стал брыкаться и царапаться, и Карандаш тихонько, но строго сказал, я услышал:

— Толька, ты что?

А я заорал:

— Я не Толька! Я Денис! Пустите меня!

И стал вырываться, но он ещё крепче меня сжал, чуть не задушил, и мы стали совсем медленно плыть, и я увидел уже весь цирк, и дядьку с кнутом, он смотрел на нас и улыбался. И в этот момент сметана все-таки вылетела. Так я и знал. Она упала прямо на лысину дядьке с кнутом. Он что-то крикнул, и мы немедленно пошли на посадку...

Как только мы опустились и Карандаш выпустил меня, я, сам не знаю почему, побежал изо всех сил, но не туда, я не знал куда, и я метался, потому что голова немного кружилась, и наконец я увидел в боковом проходе тётю Дусю и Марью

Николаевну. У них были белые лица, и я побежал к ним, а кругом все хлопали как сумасшедшие. Тётя Дуся сказала:

— Слава богу, цел. Пошли домой!

Я сказал:

— А помидоры?

Тетя Дуся сказала:

— Я куплю. Идём.

И она взяла меня за руку, и мы все трое вышли в полутёмный коридор. И тут мы увидели, что возле настенного фонаря стоит мальчик. Это был тот самый мальчик, что сидел рядом со мной. Марья Николаевна сказала:

— Толька, где ты был?

Мальчик не отвечал.

Я сказал:

— Куда ты подевался? Я как на твое место пересел, что тут было!.. Карандаш меня под небо уволок.

Марья Николаевна сказала:

— А ты почему сел на его место?

— Да он мне сам предложил, — сказал я. — Он сказал, что лучше будет видно, я и сел. А он ушёл куда-то!..

— Всё ясно, — сказала Марья Николаевна. — Я доложу в дирекцию. Тебя, Толька, снимут с роли.

Мальчик сказал:

— Не надо, тётя Маша.

Но она закричала шёпотом:

— Как тебе не стыдно! Ты цирковой мальчик, ты репетировал, и ты посмел подсадить на своё место чужого?! А если бы он разбился? Ведь он же неподготовленный!

Я сказал:

— Ничего. Я подготовленный... Не хуже вас, цирковых! Плохо я разве летал?

Мальчик сказал:

— Здорово! Ничего не скажешь. И хорошо с помидорами придумал, как это я-то не догадался. А ведь очень смешно.

— А артист этот ваш, — сказала тётя Дуся, — тоже хорош! Хватает кого ни попадя!

— Михаил Николаевич, — вступилась тётя Маша, — был уже разгорячён, он уже вертелся в воздухе, он тоже не железный, и он твёрдо знал, что на этом месте, как всегда, должен был сидеть специальный мальчик, цирковой. Это закон. А этот малый и тот — они же одинаковые, и костюм одинаковый, он не разглядел...

— Надо глядеть! — сказала тётя Дуся. — Уволок мальчонку, как ястреб мыша.

Я сказал:

— Ну что ж, пошли?

А Толька сказал:

— Слушай, приходи в то воскресенье в два часа. В гости приходи. Я буду ждать тебя возле контроля.

— Ладно, — сказал я, — ладно... Чего там!.. Приду.

АРБУЗНЫЙ ПЕРЕУЛОК

Я пришёл со двора после футбола усталый и грязный, как не знаю кто. Мне было весело, потому что мы выиграли у дома номер пять со счётом 44:37. В ванной, слава богу, никого не было. Я быстро сполоснул руки, побежал в комнату и сел за стол. Я сказал:

— Я, мама, сейчас быка съесть могу.

Она улыбнулась.

— Живого быка? — сказала она.

— Ага, — сказал я, — живого, с копытами и ноздрями!

Мама сейчас же вышла и через секунду вернулась с тарелкой в руках. Тарелка так славно дымилась, и я сразу догадался, что в ней рассольник. Мама поставила тарелку передо мной.

— Ешь! — сказала она.

Но это была лапша. Молочная. Вся в пенках. Это почти то же самое, что манная каша. В каше обязательно комки, а в лапше обязательно пенки. Я просто умираю, как только вижу пенки, не то чтобы есть. Я сказал:

— Я не буду лапшу!

Мама сказала:

— Безо всяких разговоров!

Я сказал:

— Там пенки!

Мама сказала:

— Ты меня вгонишь в гроб! Какие пенки? Ты на кого похож? Ты вылитый кощей!

Я сказал:

— Лучше убей меня!

Но мама вся прямо покраснела и хлопнула ладонью по столу:

— Это ты меня убиваешь!

И тут вошёл папа. Он посмотрел на нас и спросил:

— О чём тут диспут? О чём такой жаркий спор?

Мама сказала:

— Полюбуйся! Не хочет есть! Парню скоро одиннадцать лет, а он, как девочка, капризничает.

Мне скоро девять. Но мама всегда говорит, что мне скоро одиннадцать. Когда мне было восемь, она говорила, что мне скоро десять.

Папа сказал:

— А почему не хочет? Что, суп пригорел или пересолен?

Я сказал:

— Это лапша, а в ней пенки...

Папа покачал головой:

— Ах вот оно что! Его высокоблагородие фон-барон Кутькин-Путькин не хочет есть молочную лапшу! Ему, наверно, надо подать марципаны на серебряном подносе!

Я засмеялся, потому что я люблю, когда папа шутит. Я сказал:

— Это что такое — марципаны?

— Я не знаю, — сказал папа, — наверно, что-нибудь сладенькое и пахнет одеколоном. Специально для фон-барона Кутькина-Путькина!.. А ну давай ешь лапшу!

Я сказал:

— Да ведь пенки же!

— Заелся ты, братец, вот что! — сказал папа и обернулся к маме. — Возьми у него лапшу, — сказал он, — а то мне просто противно! Кашу он не хочет, лапшу он не может!.. Капризы какие! Терпеть не могу!..

Он сел на стул и стал смотреть на меня. Лицо у него было такое, как будто я ему чужой. Он ничего не говорил, а только вот так смотрел — по-чужому. И я сразу перестал улыбаться — я понял, что шутки уже кончились. А папа долго так молчал, и мы все так молчали, а потом он вдруг сказал, и как будто не мне, и не маме, а так кому-то, кто его друг:

— Нет, я, наверно, никогда не забуду эту ужасную осень, — сказал папа, — как невесело, неуютно тогда было в Москве... Война, фашисты рвутся к городу. Холодно, голодно, взрослые все ходят нахмуренные, радио слушают ежечасно... Ну, всё понятно, не правда ли? Мне тогда лет одиннадцать-двенадцать было, и главное, я тогда очень быстро рос, тянулся кверху, и мне всё время ужасно есть хотелось. Мне совершенно не хватало еды. Я всегда просил хлеба у родителей, но у них не было лишнего, и они мне отдавали свой, а мне и этого не хватало. И я ложился спать голодный, и во сне я видел хлеб. Да что... У всех так было. История известная. Писано-переписано, читано-перечитано...

И вот однажды иду я по маленькому переулку, недалеко от нашего дома, и вдруг вижу — стоит здоровенный грузовик, доверху заваленный арбузами. Я даже не знаю, как они в Москву попали. Какие-то заблудшие арбузы. Наверно, их привезли, чтобы по карточкам выдавать. И наверху в машине стоит дядька, худой такой, небритый и беззубый, что ли, — рот у него очень втянулся. И вот он берёт арбуз и кидает его своему товарищу, а тот — продавщице в белом, а та — ещё кому-то четвёртому... И у них это ловко так цепочкой получается: арбуз катится по конвейеру от машины до магазина. А если со стороны посмотреть — играют люди в зелёно-полосатые мячики, и это очень интересная игра. Я долго так стоял и на них смотрел, и дядька, который очень худой, тоже на меня смотрел и всё улыбался мне своим беззубым ртом, славный человек. Но по-

...И ВДРУГ ВИЖУ — СТОИТ ЗДОРОВЕННЫЙ ГРУЗОВИК...

том я устал стоять и уже хотел было идти домой, как вдруг кто-то в их цепочке ошибся, загляделся, что ли, или просто промахнулся, и пожалуйте — тррах!.. Тяжеленный арбузище вдруг упал на мостовую. Прямо рядом со мной. Он треснул как-то криво, вкось, и была видна белоснежная тонкая корка, а за нею такая багровая, красная мякоть с сахарными прожилками и косо поставленными косточками, как будто лукавые глазки арбуза смотрели на меня и улыбались из серёдки. И вот тут, когда я увидел эту чудесную мякоть и брызги арбузного сока и когда я почуял этот запах, такой свежий и сильный, только тут я понял, как мне хочется есть. Но я отвернулся и пошёл домой. И не успел я отойти, вдруг слышу — зовут:

— Мальчик, мальчик!

Я оглянулся, а ко мне бежит этот мой рабочий, который беззубый, и у него в руках разбитый арбуз. Он говорит:

— На-ка, малый, арбузика-то, тащи, дома поешь!

И я не успел оглянуться, а он уже сунул мне арбуз и бежит на свое место, дальше разгружать. И я обнял арбуз и еле доволок его до дому, и позвал своего дружка Вальку, и мы с ним оба слопали этот громадный арбуз. Ах, что это была за вкуснота! Передать нельзя! Мы с Валькой отрезали большущие кусища, во всю ширину арбуза, и когда кусали, то края арбузных ломтей задевали нас за уши, и уши у нас были мокрые, и с них капал розоватый арбузный сок. И животы у нас с Валькой надулись и тоже стали похожи на арбузы. Если по такому животу щёлкнуть пальцем, звон пойдёт знаешь какой? Как от барабана. И об одном только мы с Валькой жалели, что у нас нет хлеба, а то бы мы ещё лучше наелись. Да...

Папа повернулся и стал смотреть в окно.

— А потом ещё хуже завернула осень, — сказал он, — стало совсем холодно, с неба сыпал зимний, сухой и маленький снег, и его тут же сдувало сухим и острым ветром. И еды у нас стало совсем мало, и фашисты всё шли и шли к Москве, и я всё время был голодный. И теперь мне снился не только хлеб. Мне ещё снились и арбузы. И однажды утром я увидел, что у меня совсем уже нет живота, он просто как будто прилип к позвоночнику, и я прямо уже ни о чём не мог думать, кроме еды. И я позвал Вальку и сказал ему:

— Пойдём, Валька, сходим в этот арбузный переулок, может быть, там опять арбузы разгружают, и, может быть, опять один упадёт, и, может быть, нам его опять подарят.

И мы закутались с ним в какие-то бабушкины платки, потому что холодюга был страшный, и пошли в арбузный переулок. На улице был серый день, людей было мало, и в Москве тихо было, не то что сейчас. В арбузном переулке и вовсе никого не было, и мы стали против магазинных дверей и ждём, когда же придёт грузовик с арбузами. И уже стало совсем темнеть, а он всё не приезжал. Я сказал:

— Наверно, завтра приедет...

— Да, — сказал Валька, — наверно, завтра.

И мы пошли с ним домой. А назавтра снова пошли в переулок, и снова напрасно. И мы каждый день так ходили и ждали, но грузовик не приехал...

Папа замолчал. Он смотрел за окно, и глаза у него были такие, как будто он видит что-то такое, чего ни я, ни мама не видим. Мама подошла к нему, но папа сразу встал и вышел из комнаты. Мама пошла за ним. А я остался один. Я сидел и тоже смотрел в окно, куда смотрел папа, и мне показалось, что я прямо вот вижу папу и его товарища, как они дрогнут и ждут. Ветер по ним бьёт, и снег тоже, а они дрогнут, и ждут, и ждут, и ждут... И мне от этого просто жутко сделалось, и я прямо вцепился в свою тарелку и быстро, ложка за ложкой, выхлебал её всю, и наклонил потом к себе, и выпил остатки, и хлебом обтёр донышко, и ложку облизал.

СИНИЙ КИНЖАЛ

Это дело было так. У нас был урок — труд. Раиса Ивановна сказала, чтобы мы сделали каждый по отрывному календарю, кто как сообразит. Я взял картонку, оклеил её зелёной бумагой, посредине прорезал щёлку, к ней прикрепил спичечный коробок, а на коробок положил стопочку белых листиков, подогнал, подклеил, подровнял и на первом листике написал: «С Первым маем!»

Получился очень красивый календарь для маленьких детей. Если, например, у кого куклы, то для этих кукол. В общем, игрушечный. И Раиса Ивановна поставила мне «пять». Она сказала:

— Мне нравится.

И я пошёл к себе и сел на место. И в это время Лёвка Бурин тоже стал сдавать свой календарь, а Раиса Ивановна посмотрела на его работу и говорит:

— Наляпано.

И поставила Лёвке тройку.

А когда наступила перемена, Лёвка остался сидеть на скамейке. У него был довольно-таки невесёлый вид. А я в это время как раз промокал кляксу, и, когда увидел, что Лёвка такой грустный, я прямо с промокашкой в руке пошёл к Лёвке. Я хотел его развеселить, потому что мы с ним дружим и он один раз подарил мне монетку с дыркой. И ещё обещал принести мне стреляную охотничью гильзу, чтобы я из неё сделал атомный телескоп.

Я подошёл к Лёвке и сказал:

— Эх, ты, Ляпа!

И состроил ему косые глаза.

И тут Лёвка ни с того ни с сего как даст мне пеналом по затылку. Вот когда я понял, как искры из глаз летят. Я страшно разозлился на Лёвку и треснул его изо всех сил промокашкой по шее. Но он, конечно, даже не почувствовал, а схватил свой портфель и пошёл домой. А у меня даже слёзы капали из глаз — так здорово поддал мне Лёвка, — капали прямо на промокашку и расплывались по ней, как бесцветные кляксы...

И тогда я решил Лёвку убить. После школы я целый день сидел дома и готовил оружие. Я взял у папы с письменного стола его синий разрезальный нож из пластмассы и целый день точил его о плиту. Я его упорно точил, терпеливо. Он очень медленно затачивался, но я всё точил и всё думал, как я приду завтра в класс и мой верный синий кинжал блеснёт перед Лёвкой, я занесу его над Лёвкиной головой, а Лёвка упадёт на колени и будет умолять меня даровать ему жизнь, и я скажу:

«Извинись!»

И он скажет:

«Извини!»

А я засмеюсь громовым смехом, вот так:

«Ха-ха-ха-ха!»

И эхо долго будет повторять в ущельях этот зловещий хохот. А девчонки от страха залезут под парты.

И когда я лёг спать, то всё ворочался с боку на бок и вздыхал, потому что мне было жалко Лёвку — хороший он человек, но теперь пусть несёт заслуженную кару, раз он стукнул меня пеналом по голове. И синий кинжал лежал у меня под подушкой, и я сжимал его рукоятку и чуть не стонал, так что мама спросила:

— Ты что там кряхтишь?

Я сказал:

— Ничего.

Мама сказала:

— Живот, что ли, болит?

Но я ничего ей не ответил, просто я взял и отвернулся к стенке и стал дышать, как будто я давно уже сплю.

Утром я ничего не мог есть. Только выпил две чашки чаю с хлебом и маслом, с картошкой и сосиской. Потом пошёл в школу. Синий кинжал я положил в портфель с самого верху, чтоб удобно было достать.

И перед тем как войти в класс, я долго стоял у дверей и не мог войти, так сильно билось сердце. Но всё-таки я себя переборол, толкнул дверь и вошёл. В классе всё было как всегда, и Лёвка стоял у окна с Валериком. Я, как его увидел, сразу стал расстёгивать портфель, чтобы достать кинжал. Но Лёвка в это время побежал ко мне. Я подумал, что он опять стукнет меня пеналом или чем-нибудь ещё, и стал ещё быстрее расстёгивать портфель, но Лёвка вдруг остановился около меня и как-то затоптался на месте, а потом вдруг наклонился ко мне близко-близко и сказал:

— На!

И он протянул мне золотую стреляную гильзу. И глаза у него стали такие, как будто он ещё что-то хотел сказать, но стеснялся. А мне вовсе и не нужно было, чтобы он говорил, просто я вдруг совершенно забыл, что хотел его убить, как будто и не собирался никогда, даже удивительно.

Я сказал:

— Хорошая какая гильза.

Взял её. И пошёл на своё место.

КОТ В САПОГАХ

— Мальчики и девочки! — сказала Раиса Ивановна. — Вы хорошо закончили эту четверть. Поздравляю вас. Теперь можно и отдохнуть. На каникулах мы устроим утренник и карнавал. Каждый из вас может нарядиться в кого угодно, а за лучший костюм будет выдана премия, так что готовьтесь. — И Раиса Ивановна собрала тетрадки, попрощалась с нами и ушла.

И когда мы шли домой, Мишка сказал:

— Я на карнавале буду гномом. Мне вчера купили накидку от дождя и капюшон. Я только лицо чем-нибудь занавешу, и гном готов. А ты кем нарядишься?

Я сказал:

— Там видно будет.

И забыл про это дело. Потому что дома мама мне сказала, что она уезжает в санаторий на десять дней и чтоб я тут вёл себя хорошо и следил за папой. И она на другой день уехала, а я с папой совсем замучился. То одно, то другое, и на улице шёл снег, и всё время я думал, когда же мама вернётся. Я зачёркивал клеточки на своём календаре.

И вдруг неожиданно прибегает Мишка и прямо с порога кричит:

— Идёшь ты или нет?

Я спрашиваю:

— Куда?

Мишка кричит:

— Как — куда? В школу! Сегодня же утренник, и все будут в костюмах! Ты что, не видишь, что я уже гномик?

И правда, он был в накидке с капюшончиком.

Я сказал:

— У меня нет костюма! У нас мама уехала.

А Мишка говорит:

— Давай сами чего-нибудь придумаем! Ну-ка, что у вас дома есть почудней? Ты надень на себя, вот и будет костюм для карнавала.

Я говорю:

— Ничего у нас нет. Вот только папины бахилы для рыбалки.

Бахилы — это такие высокие резиновые сапоги. Если дождик или грязь — первое дело бахилы. Нипочём ноги не промочишь.

Мишка говорит:

— А ну надевай, посмотрим, что получится?

Я прямо с ботинками влез в папины сапоги. Оказалось, что бахилы доходят мне чуть не до подмышек. Я попробовал в них походить. Ничего, довольно неудобно. Зато здорово блестят. Мишке очень понравилось. Он говорит:

— А шапку какую?

Я говорю:

— Может быть, мамину соломенную, что от солнца?

Мишка говорит:

— Давай её скорей!

Достал я шапку, надел. Оказалось, немножко великовата, съезжает до носа, но всё-таки на ней цветы.

Мишка посмотрел и говорит:

— Хороший костюм. Только я не понимаю, что он значит?

Я говорю:

— Может быть, он значит «Мухомор»?

Мишка засмеялся:

— Что ты, у мухомора шляпка вся красная! Скорей всего, твой костюм обозначает «Старый рыбак»!

Я замахал на Мишку:

— Сказал тоже! «Старый рыбак»!.. А борода где?

Тут Мишка задумался, а я вышел в коридор, а там стояла наша соседка Вера Сергеевна. Она, когда меня увидела, всплеснула руками и говорит:

— Ох! Настоящий кот в сапогах!

Я сразу догадался, что значит мой костюм! Я — «Кот в сапогах»! Только жалко, хвоста нет! И спрашиваю:

— Вера Сергеевна, у вас есть хвост?

Вера Сергеевна говорит:

— Разве я очень похожа на чёрта?

— Нет, не очень, — говорю я. — Но не в этом дело. Вот вы сказали, что этот костюм значит «Кот в сапогах», а какой же кот может быть без хвоста? Нужен какой-нибудь хвост! Вера Сергеевна, поделитесь, а?

Тогда Вера Сергеевна сказала:

— Одну минуточку... — и вынесла мне довольно драненький рыжий хвостик с чёрными пятнами.

— Вот, — говорит, — этот хвост от старой горжетки. Я в последнее время прочищаю им керогаз, но думаю, тебе он вполне подойдёт.

Я сказал «большое спасибо» и понёс хвост Мишке.

Мишка, как увидел его, говорит:

— Давай быстренько иголку с ниткой, я тебе пришью. Это чудный хвостик.

И Мишка стал пришивать мне сзади хвост. Он шил довольно ловко, но потом вдруг ка-ак уколет меня!

Я закричал:

— Потише ты, храбрый портняжка! Ты что, не чувствуешь, что шьёшь прямо по живому? Ведь колешь же!

Мишка сказал:

— Это я немножко не рассчитал! — да опять как кольнёт!

— Мишка, рассчитывай получше, а то я тебя тресну!

А он:

— Я в первый раз в жизни шью!

И опять — коль!.. Я прямо заорал:

— Ты что, не понимаешь, что я после тебя буду полный инвалид и не смогу сидеть?

Но тут Мишка сказал:

— Ура! Готово! Ну и хвостик! Не у каждой кошки есть такой!

Тогда я взял тушь и кисточкой нарисовал себе усы, по три уса с каждой стороны — длинные-длинные, до ушей!

И мы пошли в школу.

Там народу было видимо-невидимо, и все в костюмах. Одних гномов было человек пятьдесят.

И ещё было очень много белых «снежинок». Это такой костюм, когда вокруг много белой марли, а в середине торчит какая-нибудь девочка.

И мы все очень веселились и танцевали. И я тоже танцевал, но всё время спотыкался и чуть не падал из-за больших сапог, и шляпа тоже, как назло, постоянно съезжала почти до подбородка.

А потом наша октябрятская вожатая Люся вышла на сцену и сказала звонким голосом:

— Просим «Кота в сапогах» выйти сюда для получения первой премии за лучший костюм!

И я пошёл на сцену, и когда входил на последнюю ступеньку, то споткнулся и чуть не упал. Все громко засмеялись, а Люся пожала мне руку и дала две книжки: «Дядю Стёпу» и «Сказки-загадки». Тут Борис Сергеевич заиграл туш, а я пошёл со сцены. И когда сходил, то опять споткнулся и чуть не упал, и опять все засмеялись.

А когда мы шли домой, Мишка сказал:

— Конечно, гномов много, а ты один!

— Да, — сказал я, — но все гномы были так себе, а ты был очень смешной, и тебе тоже надо книжку. Возьми у меня одну.

Мишка сказал:

— Не надо, что ты!

Я спросил:

— Ты какую хочешь?

Он сказал:

— «Дядю Стёпу».

И я дал ему «Дядю Стёпу».

А дома я скинул свои огромные бахилы, и побежал к календарю, и зачеркнул сегодняшнюю клеточку. А потом зачеркнул уж и завтрашнюю.

Посмотрел, а до маминого приезда осталось всего три дня.

ПОХИТИТЕЛЬ СОБАК

Ещё вот какая была история. Когда я жил у дяди Володи на даче, недалеко от нас жил Борис Климентьевич, худой такой дядька, весёлый, с палкой в руке и высокий, как забор. У него была собачка, под заглавием Чапка. Очень хорошая собачушка, чёрная, мохнатая, морда кирпичом, хвостик торчком. И я с ней очень подружился.

Вот один раз Борис Климентьевич задумал идти купаться, а Чапку не захотел с собой брать. Потому что она уже один раз ходила с ним на пляж и из этого вышла скандальная история. В тот раз Чапка полезла в воду, а в воде плавала одна нервная тётенька. Она плавала на автомобильной камере, чтоб не утонуть. И она сразу закричала на Чапку:

— Пошла вон! Вот ещё не хватало собачью заразу напускать! — И стала брызгать на Чапку: — Вон пошла, вон!

Чапке это не понравилось, и она прямо на плаву хотела эту тётку цапнуть, но до неё не достала, а камеру всё-таки ухватила своими остренькими зубками. Один только разик куснула, и камера зашипела и выдохлась. А нервная тётка стала думать, что она тонет. И она завизжала:

— Тону, спасите!

Весь пляж страшно перепугался. И Борис Климентьевич кинулся её спасать. Там, где эта тётка барахталась, ему река была по колено, а тетке по плечи. Он её спас, а Чапку постегал прутиком. Для виду, конечно. И с тех пор он перестал её брать на реку.

...Чапка полезла в воду, а в воде плавала одна нервная тётенька.

И вот теперь он попросил меня погулять во дворе с Чапкой, чтобы она не увязалась за ним. И я вошёл во двор, и мы стали с Чапкой носиться и кувыркаться, прыгать и колбаситься, подскакивать, и вертеться, и лаять, и визжать, и смеяться, и валяться. А Борис Климентьевич спокойно ушёл. И мы с Чапкой вдоволь набаловались, а в это время мимо забора шёл Ванька Дыхов с удочкой.

Он говорит:

— Дениска, пойдём рыбу ловить!

Я говорю:

— Не могу, я Чапку стерегу.

Он говорит:

— Посади её в дом. Захвати свой бредень и догоняй.

И пошёл дальше. А я взял Чапку за ошейник и тихонечко поволок по траве. Она легла, лапки кверху, и поехала, как на салазках. Я открыл дверь, втащил её в коридор, дверь прикрыл и пошёл за бреднем. Когда я опять вышел на дорогу, Ваньки уже не было. Он скрылся за углом. Я полетел его догонять и вдруг возле продовольственной палатки вижу — на самой середине дороги сидит моя Чапка, язык высунула и смотрит на меня, как ни в чём не бывало... Вот так да!

Это значит, я дверь плохо прикрыл, или она ещё как-то исхитрилась и, наверное, пробежала дворами, а теперь сидит встречает! Умна! Но ведь мне надо спешить. Там Ванька уже, наверное, рыбу таскает, а я тут с ней возись. Главное, я бы взял её с собой, но Борис Климентьевич может вернуться, и, если он её не застанет дома, он разволнуется, бросится искать, и потом меня будут ругать... Нет, так дело не пойдёт! Придётся её обратно волочить. Я схватил её за ошейник и потащил домой. На этот раз Чапка упиралась в землю всеми четырьмя лапами. Она волоклась за мной на своём животе, как лягушка. Я её еле доволок до дверей. Открыл узенькую щёлку, впихнул и дверь захлопнул крепко-накрепко. Она там зарычала и залаяла, но я не стал её утешать. Я обошёл весь дом, позакрыл все окна и калитку тоже. И хотя я очень устал от возни с Чапкой, я всё-таки припустился бежать к реке. Я довольно быстро бежал, и, когда я уже поравнялся с трансформаторной будкой, из-за неё выскочила... опять Чапка! Я даже оторопел. Я просто не верил своим глазам. Я подумал, что она мне снится. Но тут Чапка стала делать вид, что вот она меня сейчас укусит за то, что я её оставил дома. Рычит и лает на меня! Чёртова собака! Ну, погоди же, я тебе покажу! И я стал хватать её за ошейник, но она не давалась, она увёртывалась, хрипела, отступала, отскакивала и всё время лаяла. Тогда я стал приманивать:

— Чапочка, Чапочка, тю-тю-тю, лохмушенька, на-на-на!

Но она продолжала издеваться и не давала себя поймать. Главное, мне мешал мой бредень, у меня была не та ловкость. И мы так долго скакали вокруг будки. И вдруг я вспомнил, что недавно видел в телевизоре картину «Тропою джунглей». Там показано, как в Китае охотники ловят обезьян сетями. Я сразу сообразил, взял свой бредень, как сачок, и хлоп! Накрыл Чапку, как обезьянку. Она прямо взвыла от злости, но я быстро закутал её как следует, перекинул бредень через плечо и, как настоящий охотник, потащил её домой через весь посёлок. Чапка висела у меня за спиной в сетке, как в гамаке, и только изредка подвывала. Но я уже не обращал на неё никакого внимания, а просто взял её и вытряхнул в окошко и припёр его снаружи палкой. Она сразу там залаяла и зарычала на разные голоса, а я уже в третий раз побежал за Ванькой. Это я так рассказываю быстро, а на самом деле времени прошло очень много. И вот у самой реки я встретил Ваньку. Он шёл весёлый, а в руке у него была травинка, а на травинке нанизаны две уклейки, большие, с чайную ложку каждая. Я говорю:

— Ого! А у тебя, я вижу, здорово клевало!

Ванька говорит:

— Да, просто не успевал вытаскивать. Давай отнесём эту рыбу моей маме на уху, а после обеда снова пойдём. Может, и ты что-нибудь поймаешь.

И так за разговором мы незаметно дошли до дома Бориса Климентьевича. А около его дома стояла небольшая толпа. Там был дядька в полосатых штанах, с животом как подушка, и ещё там была гражданка тоже в штанах и с голой спиной. Был ещё мальчишка в очках и ещё кто-то. Они все размахивали руками и что-то кричали. А потом мальчишка в очках увидел меня да как закричит:

— Вот он, вот он сам, собственной персоной!

Тут все обернулись на нас, и дядька-подушка завопил:

— Который?! С рыбой или маленький?!

Мальчишка с очками кричит:

— Маленький! Хватайте его! Это он!

И они все кинулись ко мне. Я немножко испугался и быстро отбежал от них, бросил бредень и влез на забор. Это был высокий забор: меня нипочём снизу не достать. Гражданка с голой спиной подбежала к забору и стала кричать нечеловеческим голосом:

— Отдай сейчас же Бобку! Куда ты его девал, негодник?

А дядька уткнулся животом в забор, кулаками стучит:

— А где моя Люська? Ты куда её увёл? Признавайся!

Я говорю:

— Отдай сейчас же Бобку! Куда ты его девал, негодник?

— Отойдите от забора. Я никакого Бобку не знаю и Люську тоже. Я даже с ними не знаком! Ванька, скажи им!

Ванька кричит:

— Что вы напали на ребёнка? Я вот сейчас как сбегаю за мамой, тогда узнаете!

Я кричу:

— Ты беги поскорее, Ванька, а то они меня растерзают!

Ванька кричит:

— Держись, не слезай с забора!

И побежал.

А дядька говорит:

— Это соучастник, не иначе. Их тут целая шайка! Эй, ты, на заборе, отвечай сейчас же, где Люся?

Я говорю:

— Следите сами за своей доченькой!

А он:

— Ах, ты ещё острить? Слезай сию минуту, и пойдём в прокуратуру.

Я говорю:

— Ни за что не слезу!

Тогда мальчишка в очках говорит:

— Сейчас я его достану!

И давай карабкаться на забор. Но не умеет. Потому что не знает, где гвоздь, где что, чтобы уцепиться. А у меня этот забор сто раз лазанный. Да ещё я этого мальчишку пяткой отпихиваю. И он, слава богу, срывается.

— Стой, Павля, — говорит дядька-подушка, — давай я тебя подсажу!

И этот Павля стал карабкаться на этого дядьку. И я опять испугался, потому что Павля был здоровый парень, наверное, учился уже в третьем или в четвёртом классе. И я подумал, что мне пришёл конец, но тут я вижу, бежит Борис Климентьевич, а из переулка Ванькина мама и Ванька. Они кричат:

— Стойте! В чём дело?

А дядька орёт:

— Ни в чём не дело! Просто этот мальчишка ворует собак! Он у меня собаку украл, Люсю.

И гражданка в штанах добавляет:

— И у меня украл, Бобку!

Ванькина мама говорит:

— Ни за что не поверю, хоть режьте.

А мальчишка в очках вмешивается:

— Я сам видел. Он нёс нашу собаку в сетке, за плечами! Я сидел на чердаке и видел!!

Я говорю:

— Не стыдно врать? Чапку я нёс. Она из дому удрала!

Борис Климентьевич говорит:

— Это довольно положительный мальчик. С чего бы ему вдруг вступить на стезю преступлений и начать воровать собак? Пойдёмте в дом, разберёмся! Иди, Денис, сюда!

Он подошёл к забору, и я прямо перешёл к нему на плечи, потому что он был очень высокий, я уже говорил.

Тут все пошли во двор. Дядька фыркал, гражданка в штанах — ломала пальцы, очкастый Павля шёл за ними, а я катился на Борисе Климентьевиче. Мы взо-

шли на крыльцо, Борис Климентьевич открыл дверь, и вдруг оттуда выскочили три собаки! Три Чапки! Совершенно одинаковые! Я подумал, что это у меня в глазах троится. Дядька кричит:

— Люсичка!

И одна Чапка кинулась и вскочила ему прямо на живот!

А гражданка в брюках и Павля вопят:

— Бобик! Бобка!

И рвут второго Чапку пополам: она за передние ноги тянет к себе, а он за задние — к себе! И только третья собака стоит возле нас и вертиком хвостит. То есть хвостиком вертит.

Борис Климентьевич говорит:

— Вот ты с какой стороны раскрылся? Я этого не ожидал. Ты зачем напихал полный дом чужих собак?

Я сказал:

— Я думал, они Чапки! Ведь как похожи! Одно лицо. Прямо вылитые собачьи близнецы.

И я всё рассказал по порядку. Тут все стали хохотать, а когда успокоились, Борис Климентьевич сказал:

— Конечно, неудивительно, что ты обознался. Скотчтерьеры очень похожи друг на друга, настолько, что трудно бывает различить. Вот и сегодня, по совести говоря, не мы, люди, узнали своих собак, а собаки узнали нас. Так что ты ни в чём не виноват. Но всё равно, знай, что с этих пор я буду называть тебя Похититель собак.

...И правда, он так меня называет...

ЖИВОЙ УГОЛОК

Перед концом урока наша учительница, Раиса Ивановна, сказала:

— Ну, поздравляю вас, ребята! Школьный совет постановил устроить в нашей школе живой уголок. Такой маленький зоосад. Вы будете сами ухаживать и наблюдать за животными...

Я так и подпрыгнул! Это ведь очень интересно!

Я сказал:

— А где будет помещаться живой уголок?

— На третьем этаже, — ответила Раиса Ивановна, — возле учительской.

— А как же, — говорю я, — зубробизон взойдёт на третий этаж?

— Какой зубробизон? — спросила Раиса Ивановна.

— Лохматый, — сказал я, — с рогами и хвостом.

— Нет, — сказала Раиса Ивановна, — зубробизона у нас не будет, а будут мелкие ёжики, птички, рыбки и мышки. И пусть каждый из вас принесёт такое мелкое животное в наш живой уголок. До свиданья!

И я пошёл домой, а потом во двор, и всё думал, как бы завести у нас в живом уголке лося, яка или хотя бы бегемота, они такие красивые...

Но тут прибежал Мишка Слонов и как закричит:
— На Арбате в зоомагазине дают белых мышей!!
Я ужасно обрадовался и побежал к маме.
— Мама, — кричу я ей, — мама, кричи «ура»! На Арбате дают белых мышей.

Мама говорит:
— Кто даёт, кому, зачем и почему я должна кричать «ура»?

Я говорю:
— В зоомагазине дают, для живых уголков, дай мне денег, пожалуйста!

Мама взялась за сумочку и говорит:

— А зачем вам для живого уголка именно белые мыши? А почему вам не годятся простые серенькие мышата?

— Ну что ты, мама, — сказал я, — какое может быть сравнение? Серые мышки — это как простые, а белые — вроде диетические, понимаешь?

Тут мама шлёпнула меня небольно, дала денег, и я припустился в магазин.

Там уже народу видимо-невидимо. Конечно, это понятно, потому что известно, кто же не любит белых мышей?! Поэтому в магазине была давка, и Мишка Слонов стал у прилавка следить, чтобы больше двух мышей в одни руки не отпускали. Но всё-таки мне не повезло! Перед самым моим носом мыши кончились. Ведь это одно расстройство! Я не могу себе позволить покупать мышей на рынке, там за них с меня три шкуры сдерут. Я говорю продавщице:

— Когда будут ещё мыши?

А она:

— Когда с базы пришлют. В четвёртом квартале, думаю, подкинут.

Я говорю:

— Плохо вы снабжаете население мышками первой необходимости.

И ушёл. И стал худеть от расстройства. А мама, как увидела мое выражение лица, всплеснула руками и говорит:

— Не расстраивайся, Денис, из-за мышей. Нету — и не надо! Пойдём купим тебе рыбку! Для первоклассника самое хорошее дело — рыбка! Ты какую хочешь, а?

Я говорю:

— Нильского крокодила!

— А если поменьше? — говорит мама.

— Тогда моллинезию! — говорю я.

Моллинезия — это маленькая такая рыбка, величиной с полспички.

И мы вернулись в магазин. Мама говорит:

— Почём у вас эти моллинезии? Я хочу купить десяточек таких малюток, для живого уголка!

А продавщица говорит:

— Полтора рубля штучка!

Мама взялась за голову.

— Это, — сказала мама, — я и представить себе не могла! Пойдём, сынок, домой.

— А моллинезии, мама?

— Не нужно их нам, — говорит мама. — Они кусаются. Пойдём-ка, и вместо одной такой малявки купим огромного судака или зеркального карпа, приготовим его в сметане, позовём Мишу и будем пировать. А моллинезии, ну их, они кусаются...

Но всё-таки, скажите, что мне принести в живой уголок? Мыши кончились, а рыбки кусаются... Одно расстройство!

СОДЕРЖАНИЕ

ЧТО Я ЛЮБЛЮ…	5
…И ЧЕГО НЕ ЛЮБЛЮ!	8
«ОН ЖИВОЙ И СВЕТИТСЯ…»	10
СЛАВА ИВАНА КОЗЛОВСКОГО	15
ЗЕЛЁНЧАТЫЕ ЛЕОПАРДЫ	20
ТАЙНОЕ СТАНОВИТСЯ ЯВНЫМ	27
МОТОГОНКИ ПО ОТВЕСНОЙ СТЕНЕ	33
НАДО ИМЕТЬ ЧУВСТВО ЮМОРА	40
УДИВИТЕЛЬНЫЙ ДЕНЬ	45
ПРОФЕССОР КИСЛЫХ ЩЕЙ	63
И МЫ!..	68
КРАСНЫЙ ШАРИК В СИНЕМ НЕБЕ	73
СТАРЫЙ МОРЕХОД	80
РАССКАЖИТЕ МНЕ ПРО СИНГАПУР	88
ДЕВОЧКА НА ШАРЕ	98
ЧИКИ-БРЫК	110
НЕ ХУЖЕ ВАС, ЦИРКОВЫХ	117
АРБУЗНЫЙ ПЕРЕУЛОК	130
СИНИЙ КИНЖАЛ	136
КОТ В САПОГАХ	139
ПОХИТИТЕЛЬ СОБАК	146
ЖИВОЙ УГОЛОК	155

Драгунский В. Ю.

Д 72 Денискины рассказы / Виктор Драгунский ; ил. В. Канивца. — М. : Эксмо, 2014. — 160 с. : ил.

УДК 82-93
ББК 84(2Рос-Рус)6-4

ISBN 978-5-699-37193-8

© В.Ю. Драгунский, наследники, текст, 2010
© ООО «Издательство «Эксмо», 2014

Литературно-художественное издание
әдеби-көркемдік баспа

Для младшего школьного возраста
мектеп жасындағы кіші балаларға арналған

Драгунский Виктор Юзефович

ДЕНИСКИНЫ РАССКАЗЫ
(орыс тілінде)

Художник *ВЛАДИМИР КАНИВЕЦ*

Ответственный редактор *Л. Кондрашова*
Дизайн переплета *И. Сауков*
Компьютерная графика *С. Савченко*
Технический редактор *О. Кистерская*
Корректор *М. Ионова*

ООО «Издательство «Эксмо»
123308, Москва, ул. Зорге, д. 1. Тел. 8 (495) 411-68-86, 8 (495) 956-39-21.
Home page: www.eksmo.ru   E-mail: info@eksmo.ru

Өндіруші: «ЭКСМО» АҚБ Баспасы, 123308, Мәскеу, Ресей, Зорге көшесі, 1 үй.
Тел. 8 (495) 411-68-86, 8 (495) 956-39-21
Home page: www.eksmo.ru   E-mail: info@eksmo.ru
Тауар белгісі: «Эксмо»
Қазақстан Республикасында дистрибьютор және өнім бойынша
арыз-талаптарды қабылдаушының
өкілі «РДЦ-Алматы» ЖШС, Алматы қ., Домбровский көш., 3«а», литер Б, офис 1.
Тел.: 8 (727) 2 51 59 89,90,91,92, факс: 8 (727) 251 58 12 вн. 107; E-mail: RDC-Almaty@eksmo.kz
Өнімнің жарамдылық мерзімі шектелмеген.
Сертификация туралы ақпарат сайтта: www.eksmo.ru/certification

Сведения о подтверждении соответствия издания согласно законодательству РФ
о техническом регулировании можно получить по адресу: http://eksmo.ru/certification/

Өндірген мемлекет: Ресей
Сертификация қарастырылған

Подписано в печать 12.12.2013. Формат 84х108 $^1/_{16}$.
Гарнитура «Балтика». Печать офсетная. Бумага офсетная. Усл. печ. л. 16,8.
Доп. тираж 8000 экз. Заказ № ВЗК-06902-13.

Отпечатано с готового электронного оригинал-макета
в ОАО «Первая Образцовая типография», филиал «Дом печати — ВЯТКА».
610033, г. Киров, ул. Московская, 122.